中华道德楷模丛书

待人楷模

DAIREN KAIMO

《中华道德楷模丛书》编委会

主　任　郑　锐

副主任　徐则浩　陈德辉

委　员　陈复东　柏龙驹　陆德生　李　奎
　　　　马康盛　庞振月　翁　飞　周明洁　金汉杰　金　燕

主　编　陈德辉

副主编　张召奎　沈　葵　朱强娣

本册主编　施　惠

时代出版传媒股份有限公司
安徽教育出版社

图书在版编目（CIP）数据

待人楷模 / 陈德辉主编. —合肥：安徽教育出版社，2012.7

（中华道德楷模丛书）

ISBN 978-7-5336-6823-5

Ⅰ.①待… Ⅱ.①陈… Ⅲ.①品德教育－中国 Ⅳ.①D648

中国版本图书馆 CIP 数据核字（2012）第 171472 号

书名：待人楷模　　　　　　　　　　　　　　主编：陈德辉

出版人：郑　可　　　策划编辑：杨多文　徐宝妹　　　责任编辑：徐宝妹
特约编辑：袁　舰　　责任印制：王　琳　　　　　　　装帧设计：袁　泉

出版发行：时代出版传媒股份有限公司　　http://www.press-mart.com
　　　　　安徽教育出版社　　http://www.ahep.com.cn
　　　　　（合肥市繁华大道西路 398 号，邮编：230601）
　　　　　营销部电话：(0551)63683010，63683011，63683015
排　　版：安徽创艺彩色制版有限责任公司
印　　刷：合肥义兴印务有限责任公司　　电话：(0551)63355286
（如发现印装质量问题，影响阅读，请与印刷厂商联系调换）

开本：650×960　1/16　　　　印张：13　　　　字数：160 千字
版次：2012 年 8 月第 1 版　　　　2013 年 7 月第 2 次印刷

ISBN 978-7-5336-6823-5　　　　　　　　　　　定价：22.50 元

版权所有，侵权必究

序

道德是人们共同生活及其行为的准则和规范。人们在长期道德实践中形成高尚的理想、信念、习惯、传统及其表现的嘉言懿行,能够净化人们的心灵,陶冶人们的情操,提高人们的思想境界;是净化社会的雨露甘霖,维护国家安宁的内在动力,建设和谐社会的精神支柱。

我国是一个历史悠久的文明古国,五千年文明史积淀了丰富而又自成体系的道德价值标准,涌现出灿若繁星的道德楷模。热爱祖国、自强不息、舍生取义、修身律己、诚实守信、仁爱好礼、勤劳节俭等传统美德的光芒照耀着中华民族发展的历程。尤其是近代以来,面对深重的民族灾难,无数仁人志士为了民族独立和人民解放,用鲜血和生命谱写了一曲曲爱国主义的动人乐章,铸就了一座座不朽的精神丰碑。

新中国成立以后,由于老一辈革命家率先垂范和大力倡导,广大人民积极推进社会主义道德建设,涌现出一大批感天动地的道德楷模。共产主义战士雷锋、县委书记的榜样焦裕禄、知识分子的典范钱学森、杂交水稻之父袁隆平、身残志坚的张海迪、人民的好村官沈浩等等,他们的优秀品质和高尚情操诠释了中华民族传统美德,体现了伟大的时代精神。在道德楷模的影响和带动下,越来越多的凡人善举感动着中国,他们或助人为乐,或见义勇为,或诚实守信,或敬业奉献,或孝老爱亲,道德之花在中华大地处处绽放。最近,"最美女教师"张丽莉舍身勇救学生、"最美司机"吴斌恪尽职守保障乘客生命安全,"最美警卫战士"高铁成勇闯火海排险救人,英雄的壮举感动了亿万群众。

与此同时,我们也要清醒认识到,在我国经济体制深刻变革、社会结构深刻变动、利益格局深刻调整、思想观念深刻变化的新形势下,加强和改进公民道德建设,是一项长期而紧迫的任务。中共十七届六中全会明确要求:"树立和践行社会主义荣辱观","弘扬传统美德,推进公民道德建设工程","在全社会形成知荣辱、讲正气、作奉献、促和谐的良好风尚。"

　　加强思想道德建设的一个重要途径,是引导人们学习和效法古今道德典范。为此,安徽教育出版社编纂出版了《中华道德楷模丛书》,分别为《爱国英杰》、《律己典范》、《待人楷模》、《为政榜样》、《处世翘楚》5卷。全书收录了近四百位古今道德楷模的先进事迹,他们当中有的是举世公认的道德楷模,有的是在某个方面闪耀着卓尔不群的道德光彩。相信这套丛书将会成为广大干部群众特别是青少年进行思想道德教育很好的辅导读物,大家可以从道德楷模的感人事迹和优秀品质中受到鼓舞、汲取力量,起到内化于心、外化于形的潜移默化的积极作用,使道德之花开得更加绚丽多彩。

2012年7月

无私奉献

3 /为人民服务的楷模雷锋

5 /只讲奉献的贺老总

8 /模范共产党员刘英

10 /毛岸英献身朝鲜大地

12 /方振武为国毁家纾难

15 /苏步青诲人不倦

17 /陈景润力摘数学"明珠"

20 /时传祥的高尚道德情操

22 /医德楷模李月华

24 /自强模范焦照磊

27 /武林高手振奋国威

29 /舍家为国的三峡移民

32 /抗击"非典"的英雄钟南山

35 /"当代雷锋"郭明义

37 /无私奉献的杨善洲

40 /舍己救人的"最美女教师"张丽莉

43 /邮政史上传奇人物王顺友

45 /高原上盛开的并蒂雪莲

48 /身残志坚的聋哑人舞蹈家邰丽华

51 /率先制服天花的太平人

舍己为人

- 57 /舍己为人、万古流芳神农氏
- 59 /坚持为民众疗疾的华佗
- 61 /程家柽舍身救战友
- 63 /吴越烈士喋血正阳门
- 65 /吴旸谷献身护黎民
- 67 /周恩来舍己为人道德垂范
- 70 /舍己救人的罗盛教
- 72 /舍身护厂的向秀丽
- 74 /欧阳海为救列车献青春
- 75 /高建成:新时期最可爱的人
- 78 /沈浩:小岗村人们心中的丰碑
- 80 /倒在支教讲坛上的孟二冬

民族团结

- 85 /"丝绸之路"的拓荒者张骞
- 87 /昭君出塞和汉匈通好
- 89 /力主民族和解的赵充国
- 91 /推进民族融合的孝文帝
- 93 /唐太宗力倡民族团结
- 95 /推动汉藏民族团结的松赞干布
- 98 /鉴真、晁衡:唐朝中日友好使者
- 100 /"台湾近代化之父"刘铭传
- 102 /刘伯承与彝胞歃血为盟
- 105 /维护民族团结的张治中

107　/坚持国共合作的卫立煌

110　/于右任亟盼统一赋《国殇》

112　/为民族团结献身的格达活佛

豁达大度

117　/管鲍之交

119　/将相和

122　/孟尝君大度容高士

124　/汉文帝的大度宽容和"文景之治"

126　/陆逊忍辱负重破蜀兵

129　/谢安大度治国从容破敌

132　/陶渊明和他的《桃花源记》

134　/张英和六尺巷

136　/胸怀坦荡的彭真

139　/李宗仁宽容聚众歼敌

141　/包容大度话义乌

谦诚待人

147　/周公：谦诚辅国的光辉典范

149　/赵氏孤儿和救孤"双义"

151　/毛遂自荐果胜重任

154　/张良谦待黄石公

156　/冯异谦逊不言功

158　/尉迟恭坦诚违圣命

160　/吴芝瑛冒死义葬秋瑾

162 /刘少奇和人民群众心连心

165 /黄佐临诚助钱钟书

167 /何家庆舍生忘死科学扶贫

170 /赤诚资助祖国建设的香港首富李嘉诚

172 /香港著名爱国人士霍英东

174 /中国心灵最美的洗脚妹刘丽

家庭美德

179 /颖考叔计促母子冰释前嫌

181 /触龙说赵太后送子质齐

184 /鲁班合家立大业

186 /毛泽东的亲情

189 /瞿秋白兄弟革命深情

191 /叶剑英感人至深的浓浓亲情

193 /杨虎城夫妇双烈彪炳千秋

196 /洪战辉亲情奉献感动中国

198 /"信义兄妹",一曲感人至深的诚信颂歌

无私奉献

奉献是一种美德，只讲奉献、不讲索取的无私奉献更是一种高尚的价值取向。自古以来，我国的先哲先贤就倡导正确的义利观：重义轻利，先义后利，以义取利，见利思义。雷锋则把这种义利观提高到前所未有的高度。他说："自己活着，就是为了使别人过得更加美好"，"要把自己有限的生命投入到无限的为人民服务中去"，从而为无私奉献做出了科学的诠释。奉献就是利他，所有义举善行都是利他。只有奉献精神的发扬光大和空前普及，才能使人的精神状态升华到新的高度，人与人的关系才能更加密切，社会安宁才有更加坚实的基础。正如歌曲《爱的奉献》所传唱的"只要人人都献出一点爱，世界将变成美好的人间。"

本节所载的17位道德楷模的高尚业绩，都是无私奉献的典范。雷锋闪光的言论和行动，成为人们待人处世的光辉榜样，"学习雷锋好榜样"的歌声到处飞扬。"当代雷锋"郭明义，所到之处留下一串串光彩照人的业绩，被胡锦涛称为"新时期实践雷锋精神的优秀代表。"杨善洲清贫一生，写下了无私奉献的壮丽篇章。百万三峡移民，舍家为国，成为波澜壮阔的爱国史诗。贺龙、刘英老一辈革命家，为人们留下两袖清风、一身正气。钟南山冒着被感染的危险，成功制服了肆虐横行的"非典"。毛岸英为抗美援朝献身朝鲜大地，李月华日夜为乡亲疗疾倒在自己热爱的医疗岗位上，抗日名将方振武为国毁家纾难，著名拳师霍元甲为振奋国威惨遭谋害。"最美女教师"张丽莉在失控客车冲向学生的瞬间，她冲上前去，推开两个学生，自己却被辗在车下，身负重伤。苏步青、陈景润、时传祥、焦照磊、王顺友及胡忠、谢晓君夫妇均在他们各自的岗位上做出了杰出的无私奉献。安徽太平人以自己生命为代价，率先制服了祸及全球、夺命过亿的天花，为人类作出贡献。这些光辉业绩都是一曲曲无私奉献的颂歌。

在新的历史时期，一家有难，各方支援蔚然成风；各种义演、义诊、义卖目不暇接；在北京奥运会和上海世博会期间，数以万计的志愿者义务为公众服务，使无偿奉献精神得到空前的发扬光大。

为人民服务的楷模雷锋

雷锋是全心全意为人民服务的楷模,杰出的共产主义战士。生前在沈阳军区工程兵某部运输连任班长。毛泽东题词:"向雷锋同志学习。"

有一次雷锋奉命到佳木斯执行任务,当他乘列车回沈阳途中,按照他一贯的作风,扶老携幼,忙这忙那,俨然是一个义务列车员。沈佳线第三包乘组的列车员小王,见这个年轻战士一刻也不闲着,看着这个浓眉大眼的战士,想到报纸上宣传雷锋的事迹和照片,心想这战士好像是雷锋。这时车到滨江站,正下着瓢泼大雨,雷锋看到站台边装卸工人正在抢着用油布遮盖货物和行李,他跳下车同工人们一起干起来,直到列车快启动,他才一身雨水回到车上。小王问:"请问这位同志,你莫非就是报上登的雷锋?"雷锋接过小王递过来的干毛巾,擦擦脸上的雨水,笑了笑,没有回答小王提出的问题。他从来都是这样,做了好事不留名。他在日记里写道:"自己活着,就是为了使别人过得更美好","要把自己有限的生命投入到无限的为人民服务中去",他认为做点好事是应该的,不值得宣扬。

又有一次,雷锋趁星期日到书店里去买书,回来的路上看到建筑工地上工人们正热火朝天地干活,看到运砖的工人两人推一辆车,前边拉,后边推。他看着看着就情不自禁地跑过去,拉起一辆空车就跑。看车的老工人发现一个解放军战士拉走一辆车,连忙查问。雷锋说:老大爷,我借这辆车用一用。老工人说:我们的车不外借。雷锋笑笑说:我就在这里用。说着就推车去运砖,而且是一人推一辆车,他来来去去也不知运了多少趟,一直忙到中午,背心、衬衣都被汗湿了;工人们都以敬佩的眼光看着他。工地广播员听说,赶忙跑来,请问他的名字,雷锋怎么也不说,只是笑笑。有个青年工人说:你不讲也行,我跟你到部队去问。雷锋无奈只好说出自己的名字,顿时工地上一片欢声笑语,大家争着同雷锋握手告别。下午,工地党组织领着一群工人敲锣打鼓到连队送感谢信。连长、指导员还不知怎么一回事,看了感谢信,才知道是四班战士雷锋为人民做了好事。雷锋在日记中写道:"我要做一个有益于人民、有利于国家的人。如果说这是'傻子',那我就甘心情愿做这样的'傻子'。"正因为他有这样高尚的思想,才能有上述高尚的行为。

雷锋1940年出生于湖南省望城县。父亲在抗日战争时期被日军毒打致死,兄、弟在苦难中夭折,母亲含恨自尽,他7岁成孤儿,靠乡亲们照料长大。1949年8月家乡解放后,在共产党和人民政府的关怀下上了学。他刻苦学习,积极参加土改和各项社会活动。高小毕业后在乡政府当通讯员,后调望城县委当通讯员,工作一向勤恳努力,被评为"工作模范"。1957年加入共青团。后来在

望城县沩水工程指挥部、团山湖农场和鞍山钢铁公司化工总厂等工作岗位上多次被评为"劳动模范"、"先进工作者"和"红旗手"。1960年1月参军,同年11月入党。他注重学习,加强自己思想道德修养。他对共产主义事业无限忠诚,对人民群众无限热爱。他把为人民服务视为自己的天职,身体力行,处处关心他人,热情帮助战友、乡亲,为集体、为人民做了大量好事。1960年在人民群众遭到严重困难时,他把省吃俭用节余的200元钱支援灾区;他带病参加抚顺地区抗洪抢险,坚持奋战七天七夜;他在抚顺市担任校外辅导员时,以讲革命故事、做忆苦报告等形式,给当地青少年以深刻、生动的教育;他谦虚谨慎,做好事不留名,受到赞誉不骄傲。1962年8月15日因公殉职,年仅22岁。他在部队两年零八个月的时间里,在平凡的岗位上作出了不平凡的业绩,荣立二等功一次,三等功两次,嘉奖多次,被评为"节约标兵"、"模范共青团员"并被选为抚顺市人代会代表。

雷锋的事迹在全国产生了极大的影响,"学雷锋"的群众热潮持久蓬勃开展,"学习雷锋好榜样"的歌声到处飞扬,以雷锋为典范的"活雷锋"到处涌现,雷锋精神成为当代助人为乐道德典范的代名词,雷锋闪光的言论和行为成为新的历史时期人们待人处世的楷模。

(施 惠)

只讲奉献的贺老总

★★★★★★

贺龙元帅是一位战功卓著的开国元勋,在"八一"南昌起义、湘鄂革命根据地、长征途中和抗日战争、解放战争硝烟弥漫的战场上

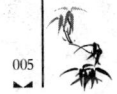

都留下了他的赫赫战绩。对党和国家作出如此巨大贡献,他从不言功。在生活上严格要求自己,从不准有丝毫特殊。1943年他为了"偿还"一把烟叶的"欠款",硬是省吃俭用,勒了两个多月的裤腰带。

贺龙喜欢抽烟,尤其喜欢把烟叶直接装在烟斗里抽,成天烟斗不离手,即使在艰苦卓绝的长征途中也不例外。长征路上,供给非常困难,贺龙的烟叶更是供不应求。断烟时,他不得不拿茶叶塞进烟斗当烟抽,茶叶抽完后,就用树叶代替,直到延安以后才略有改善。

有一次,在延安开了3个多月的会议,警卫员为贺龙准备了充足的烟叶。谁知,开会期间,贺龙慷慨地拿出烟叶与同志们"共产",没几天就把烟叶抽完了。他找警卫员要烟,警卫员为难了,"伙食费已用完,没钱买烟,怎么办?"小伙子悄悄找到师后勤部,请他们设法给贺老总捎点烟叶来。

烟叶捎来了,小伙子高兴地告诉贺龙:"老总,你不会断烟了!"贺龙问:"是吗?什么烟?快拿来!"警卫员把足有一斤半的烟叶递了过去,贺龙看着黄澄澄的烟叶,放在鼻子前闻了又闻,称赞道:"这是川烟哩,好烟!"便问哪里来的。"买的!"警卫员支支吾吾地应付了一声。"不是早就没钱了吗?""托师后勤部捎来的。""那钱从哪里来的?付了吗?"贺龙一边追问,一边放下烟叶。警卫员只好如实"招"来:"我给师后勤部捎信说,老总断烟了,钱也没啦,你们设法给老总弄点烟叶来吧。"

贺龙听完汇报,重重地叹了一口气:"这么说,我贺龙犯了挪用

公款罪了!"他对警卫员交代说:"公私一定要分明!你马上给司务长说明,从我的生活费里扣出这一斤半的烟钱来。"

贺龙当时的生活费是这样的:每天三钱油、七钱盐、一斤米。平时他抽烟的钱,也是节约下来的。为了扣这一斤半烟叶的钱,贺老总不得不加倍节省;他与司务长一丝不苟地订了加倍节省的"条约":减盐、减油、减菜,以至于他有时只能吃白饭;就这样,贺龙坚持了两个多月,终于把烟叶的"欠账"还清了。

新中国成立后,贺龙一家住在重庆。原来和他一起闹革命时的一些乡亲牺牲后,他们的子弟被送到贺龙家,大大小小的孩子有十几个。贺龙认为,这些孩子都是烈士后代,自己有责任抚养他们。他说:"他们都是我的儿子。"贺龙对夫人薛明说:"孩子我全收下,但不能增加国家负担,就只好增加你的负担了。"

贺龙自己有四个孩子,一下子又增加十几个孩子,仅靠贺老总夫妇俩的工资生活,日子过得十分节俭,有时还很紧张。管理员老聂对贺老总提议说:"他们都是烈士子弟,经济上可以由国家适当负担一些。"贺老总坚决地摇摇头:"他们都是我乡亲的后代,都姓贺,是我的儿子,当然应该由我负担。"老聂无奈地说:"留下他们时,明明说是烈士子弟,抚养他们时,又说是贺家人了。真没办法!"

贺龙到北京后,和他一起南征北战的战友中又有好几个把孩子托付给了贺老总,他同样不要国家负担;他认为,这些都是他家的"私事",不能公私不分,增加国家负担。

(朱强娣)

模范共产党员刘英

1936年,中央红军(红一方面军)长征队伍中,有30位女红军随大部队胜利地走到陕北,其中有位身材矮小却谈吐机敏、豁达乐观的年轻姑娘。若干年后,美国记者索尔兹伯里为写长征采访到她时,感到非常吃惊,说这么个风都能吹倒的瘦弱女子竟能走完长征,真是不可思议。她就是以性格开朗、心直口快、疾恶如仇、严于律己等特点闻名,有着坚强意志与超常党性的著名女革命家刘英。

刘英原名郑杰,少年时代即冲破家庭的束缚,立志求学,先后入长沙女子师范学校、莫斯科中国共产主义劳动大学、国际无线电学校学习。1932年冬由共产国际派回中国,1933年6月到达瑞金,在这里她改名"刘英",之后被派往福建,担任团省委书记。1934年5月突击扩大红军,她被派往于都县任扩红突击队长,用一个半月时间超额完成了3个月的任务;项英称赞她"一鸣惊人"。

中央红军胜利到达陕北后,刘英同在莫斯科就已相识的张闻天结成终身伴侣。其时,张闻天担任中央政治局常委、党中央书记,在党内"负总的责任"。因此在她婚后,毛泽东等领导人戏按中国封建习俗称她为"娘娘"。但刘英并不以夫荣,更不以"娘娘"自居,同以往一样丝毫没有变化,还是那样平易近人、自然大方;对自己的工作却提出了要求:要保持一定的独立性,不干那种纯粹挂名

的差事，多干实事。

刘英长期做组织干部工作与纪律检查工作，一直坚持正人先正己的原则，对自己要求特别严格。20世纪50年代中期，刘英到外交部任职，按照周恩来总理的指示，她享受副部长待遇，有专车接送，但刘英没有"领情"，当时就把车子上交给了组织，与张闻天合用一辆车。其时，张闻天任外交部常务副部长、党组副书记，刘英的职务是外交部部长助理兼人事司司长，但人事干部工作是由另外一位副部长分管。因此，凡是人事司管辖范围内的干部问题，刘英大都是先找主管副部长研究后再提交党组讨论，事先很少与张闻天商量，张闻天也不干涉。这样在党组会上讨论时，曾出现了两人因意见不同而发生争论的现象。

1958年，中组部建议提升刘英为外交部副部长。中组部部长安子文及副部长帅孟奇都说，无论按资历还是按工作能力，刘英都应该提升，在那些还在工作的老大姐特别是当年留苏的老大姐中，就剩下刘英一个人没提了。办完一切手续，在报请国务院任命时，周恩来总理专门去他们家作解释，说刘英早就该提副部长了，但张闻天已任常务副部长，刘英就不好对外，因而建议：或提升后只对内不对外，或党组设常委。可是刘英都拒绝了，说总理早已批准她享受副部长待遇，何必再另搞一套；同样，她的行政级别也是定后再未动过。

从庐山会议后到1976年张闻天去世的近20年时间里，由于张闻天受到错误批判，刘英也受牵连，被剥夺了工作的权利，在歧视与屈辱中度日。但生性达观的刘英并不消沉，相信乌云总有一天会散去，她默默地全力照顾丈夫，与张闻天相濡以沫，患难与共。张闻天平反后，中央办公厅提出让刘英回到他们以前的院子住，她坦然拒绝，只要求按她这级干部的标准分一套公寓房子，不再享受张闻天生前的任何待遇。与她很熟的人开玩笑说，刘英同志的待遇是70年不变,现在又恢复了中央苏区时的省部级。

晚年的刘英,年过九旬,仍然保持着逛商店的习惯。在她看来,这样一可练走路,锻炼身体,二可接近群众,三是看到了新商品,了解价格运行的轨道。看归看,掏钱买东西的时候却很少,因为刘英觉得自己的生活已经富足,再者她已将大部分收入都捐赠给了生活困难的人们。1986年,王震发起成立中小学教师奖励基金会,刘英就和帅孟奇等带头捐献。每逢募捐,她也总是慷慨解囊,毫不吝惜。20世纪80年代后,张闻天的著作出版了不少,但所得稿费刘英从不留给自己,也不留给家人,全部捐给了有关张闻天的研究与宣传工作。她还打招呼说,宣传张闻天要实事求是,不可任意拔高,更不要宣传她。

(方　英)

毛岸英献身朝鲜大地

毛岸英,毛泽东同志的长子。幼年因父亲远征,母亲牺牲,一度与弟弟毛岸青流浪街头,历尽人间艰辛。1937年党组织找到他们,岸英被送到苏联学习。1942年后,曾先后在莫斯科列宁军政大学、伏龙芝军事学院学习;曾担任过苏军坦克连的党代表,英勇参加反法西斯战争。1946年回国后,在山西、山东等地参加土地改

革。1950年10月,当战火烧到祖国边境的时候,他主动请缨,参加中国人民志愿军,担任志愿军总部秘书。

他踏上朝鲜国土,呈现在他面前的:到处是断壁残垣,一片废墟。朝鲜民族遭受到空前的浩劫。他把满腔怒火和对朝鲜人民的深切同情倾注到工作中去。平时,他和总部的工作人员一道,在作战室里不断地收集战况、翻译电文和向前线部队传达首长的命令。他不分分内分外,夜以继日地工作,出色地完成上级交给的各项任务,为入朝后取得第一次战役的胜利,作出了重要贡献,受到领导和同志们的赞扬。

1950年11月25日,是中国人民志愿军入朝后第二次战役开始的第一天。由于24日下午敌机曾在总部上空不断盘旋侦察,因此首长决定25日除作战室留下两人值班外,其他工作人员一律进入防空洞隐蔽。

毛岸英这几天一直忙于整理中朝联军会议的记录,这项工作的数量较大,他加班加点地工作,终于赶在第二次战役前完成任务;接着又全身心地投入到战役指挥的电文工作当中。这一天,同志们硬是把他拉到防空洞里;他身在防空洞,心在作战室。他想,今天是第二次战役的第一天,前方的同志们正在英勇杀敌,胜利推进,该有多少捷报要接收并及时报告首长,又有多少作战命令需要尽快下达;他在防空洞实在坐不住了。空袭警报刚刚解除,他就从防空洞里冲出来,大步走向作战室;立刻,他就沉浸在繁忙的工作中了。作战室里异常忙碌,战况上传,命令下达,大家都知道每一份电报的分量。

就在这时,狡猾的敌机,转了一个大圈之后,又回到总部的上空,扔下了大批凝固汽油弹。站在门口的两个同志喊了声:敌机投弹了。话音未落,他们就被爆炸产生的巨大气浪冲倒,作战室和周围一大片地区刹那间升起了冲天烈焰。被气浪冲倒的两个同志跑到大火边高喊:"岸英,你们快冲出来啊!"由于火势太大,加之800度的高温,人们无法冲进去,里面的人也无法冲出来。尽管人们还在高声呼喊,但是回应呼喊的只有那山谷的回响。毛岸英和作战室的同志们都献身在朝鲜的土地上,那一年岸英才28岁。

毛岸英牺牲后,遗体安葬在朝鲜平安北道大榆洞,朝鲜停战后,志愿军总部把岸英的忠骨迁到平安南道桧仓郡中国人民志愿军烈士陵园。直到今天,岸英烈士仍然安息在他用鲜血和生命捍卫的朝鲜的土地上。

(施 惠)

方振武为国毁家纾难

方振武是著名的抗日爱国将领,他为了抗日救国,不惜将上海的房产等私人财产变卖,组织抗日武装,在察北展开轰轰烈烈的抗日活动。他这种为了救亡图存而无私奉献的精神,舍己为国的高尚道德,永远为后人所敬仰。

方振武,1885年出生在安徽省寿县瓦埠镇。青年时期就加入了中国同盟会,追随孙中山先生革命,先后参加了辛亥起义、反袁的二次革命、五原誓师、击败军阀刘镇华解除西安之围等战斗,屡立战功。1929年12月,时任国民党中央执行委员、第一集团军第四军团总指挥、安徽省政府主席等

职的方振武,因痛恨蒋介石"攘外必先安内"的反动政策招致日寇侵略步步深入,国破家亡危在旦夕,遂派代表联络数省共同反蒋。不料事泄,方被投入陆军监狱一年多,直至"九·一八"事变后始获释。

方振武出狱后,面对东北四省①沦陷,山河破碎,更加痛恨蒋介石的不抵抗主义。他手中无兵无权,虽有心杀敌,却报国无门,心急如焚。"国之不保,何以家为?"他决心毁家以纾国难。1933年初,他把上海的房产和其他财产尽行变卖,得款十余万元,化装潜出上海,来到山西介休,在那里有他的旧部两个师,随即起兵晋南,成立抗日救国军,自任总指挥,发出通电,其中有"宁为战死鬼,不作亡国奴。耿耿愚忱,可质天日"之句,表现了方振武的一片丹心。

方振武的义举,不仅得不到蒋介石的半点支持,反而严令何应钦派重兵阻拦方部北上、铁路部门不拨车皮为方运兵;方振武下令,取道河北、山西边沿地区太行山的岩谷,步行北上。这条小道人烟稀少,一片荒凉;进入山区,步行更加艰难。但抗日部队士气旺盛,义师所到之处,当地民众"箪食壶浆"热烈欢迎和赞助,因而在崎岖的山道上仍日行70至100里。当部队通过"倒马关",走出"飞狐口",到达平原时,视野开阔,欢声雷动。当时有人赋诗:"倒马关中马易倒,飞狐口内狐难飞。义师脱险海天阔,喜报频传万众归。"

1933年5月28日,方振武发出响应冯玉祥起兵抗日的通电:"振武不敏,实率数万健儿,竭诚拥护。修我刀剑,歼彼凶残。胜则

---

① 指黑龙江、吉林、辽宁和察哈尔四省。察哈尔,旧省名,当时辖河北省西北部及内蒙一部,建省于1914年,1952年撤销。

为少康①之一旅,败则为田横②之五百。"再次表示了不惜献身坚持抗战的决心。5月底,冯玉祥、方振武、吉鸿昌率所部并会合东北义勇军、内蒙古民众自卫军等部以及来自全国各地的爱国人士,聚集于张家口,成立了民众抗日同盟军,总兵力达10万余人,冯玉祥任总司令,方振武任前敌总司令。抗日同盟军以简陋不全的武器,很不充分的给养,在极为困难的条件下连战连胜,先后收复了宝昌、沽源、多伦、商都、张北等失地,捷报传出,举国振奋。蒋介石却加紧围攻和分化同盟军,甚至与日伪配合默契;在内忧外困的巨大压力下,冯玉祥通电下野。方振武、吉鸿昌及部分爱国将领继续高举抗日的旗帜,他们发出通电,揭露蒋介石之流"公然与(日本)关东军采取联络之战线,实为世界亡国史中未见之奇迹。振武等在内外夹攻之噩梦中,深痛民族有此不磨之污点,较之四省之失,更为可耻";同时声称:"振武等四省沦亡之日,无复偷生之念。正义所在,不辞汤火,光荣之死,甘于鼎镬。全国民众必须了解,同盟军将士无论在任何环境中,即仅余最后之一弹,亦必为抗日而牺牲。富贵不淫,威武不屈,凡我袍泽,危舟共济,认清敌友,判明是非。为国家雪奇耻,为民族争生存,勿自被人陷于不义而已。"这些掷地有声的语言,是一曲响彻云霄的抗日救亡正气歌。

  方、吉将所部由"民众抗日同盟军"改为"抗日讨贼军"回师讨蒋,由张北、万全、独石口,经大水岭,入长城至怀柔县境,和蒋军发生激战;不久陷入蒋、日、伪三方的重围,损失惨重。方、吉应国民党将领商震邀请,赴商部谈判,当得知这是一个诱捕他们的阴谋后,方、吉途中逃脱;方振武辗转至香港,后流亡伦敦等地。1941年

---

  ① 少康,传说中夏朝的一个帝王,其父被杀,失帝位,他借兵杀贼,恢复帝位,史称"少康中兴"。
  ② 田横,秦代人,曾自立为齐王。刘邦统一天下,他率五百壮士逃往海岛,刘邦招降,不从,自杀,五百人亦均自杀效忠。

香港沦陷,方振武赴大陆准备参加抗战,但刚入广东境内,即被国民党特务杀害,时年 56 岁。曾经立马长城,叱咤风云的一代抗日名将虽然逝去,但他为救亡图存、矢志不移的高尚品德永垂青史。

(施 惠)

苏步青诲人不倦

中国科学院院士、著名数学家苏步青不仅在数学的海洋里乘风破浪,而且在培养人才方面独具一格;因为他知道,科学有无穷的未来,要攀登科学中无尽的高峰,需要几代、几十代以至绵延不绝的接班人。

早在抗战期间,苏步青带着学生在后方贵州省的一个溶洞里上课。他指着洞中倒悬的石笋和水淋淋的溶岩对学生说:"喜欢这里吗?别有洞天。山洞虽小,数学的天地广阔,大家要按照确定的

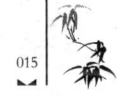

研究方向读书,定期来这里报告、讨论,就像打鬼子一样,一步一步地攻下数学的堡垒。"几十年过去了,苏步青教授和他的学生们,依然记住那别有洞天的山洞和心灵中永远的期待。

苏步青严格训练他的学生。在浙江大学任教期间,颇有才气的谷超豪出于对苏步青教授的仰慕,不远千里投考了浙江大学数学系;他除了听苏先生的课以外,还要求参加苏先生主持的专题讨论班;苏先生没有马上答应,而是过了几天才把一篇数学论文交给谷超豪,要他在一个月内读懂。谷超豪起先并不在意,但他打开文章一看,不禁冒了一头冷汗,这是一篇什么样的论文啊,简直是一幅没有文字说明的地图,不花费心血和汗水你就无法弄清自己是站在这张地图的哪一头。苏先生是在检验他的才智,考察他的毅力,他首先要知道血气方刚的谷超豪在科学的道路上究竟甘愿支付几分辛劳;这便是苏步青给谷超豪上的第一课。谷超豪完成了这一课,得到了苏先生满意的评分。从此师生间开始了严格的训练,终于使谷超豪长成为一棵巨材。20世纪60年代,谷超豪博士在微分方程理论方面取得了国内外瞩目的重要突破,曾任中国科技大学校长。

苏先生决不允许他的学生有任何松散作风。20世纪50年代,女生胡和生当苏先生的研究生,苏先生很器重她。有一天,苏先生把一本《黎曼空间曲面论》交给胡和生,要她读懂它,并规定她每星期报告一次。这是一本德国数学家的著作,高深难懂,还有着难以克服的文字障碍;胡和生对照着德汉字典一页一页地阅读下去,一边学习德语,一边研究论文。一次,为了准备做报告,她一直攻读到天亮才和衣倒在床上,竟不知不觉地睡过了头;当她被沉重的敲门声惊醒时,急忙下床开门,只见苏先生立在门口,正以严厉的目光审视着她;她自知误了报告的预定时间,羞得满面通红;苏先生没有批评她,因为从亮着的电灯和摊开的笔记中,他知道她工作了

一个通宵。但苏先生也没有原谅她,他要求她仍然按计划把报告做完,不能松懈。

由于苏步青的悉心栽培,他的许多学生成就卓著,成为攀登数学高峰的中坚和骨干。1979年春,中国数学学会理事会在杭州举行年会,这位童年是温州的放牛娃、9岁才进城读书、20岁留学日本成为东京帝国大学的高材生、如今已80高龄的苏步青教授应邀迈入会场。在一天中,有30多位知名学者前往宾馆拜见他,他们当中有的已鬓发斑白,有的拄着拐杖被自己的学生搀扶着,但他们都曾经是苏步青教授用心血严格栽培过的学生;他们现在又以苏先生的治学精神培养着下一代的学子。

苏步青实现了自己的人生理想,他看到了中国在科学进军中走来了绵延不绝的接班人。

(李 怀)

陈景润力摘数学"明珠"

陈景润,著名的数学家,中科院数学部学部委员。他毕生无嗜好,无节假日,每天除去吃饭、睡觉以外,全部是工作时间。日复一日,年复一年,默默地为摘取数学皇冠上的明珠——证明"哥德巴赫猜想",为祖国、为人类作出贡献。

陈景润,福建闽侯人,1933年出生,自幼爱好数学。1950年以优异成绩考入厦门大学数学系。他将4年课程3年就学完了,以高材生分配到北京一所中学任教,但很快又回到母校,在厦门大学图书馆工作,但他以主要精力研究数学。一天深夜,他潜心研究著名数学家华罗庚的《堆垒素数论》中的"它利问题",忽然发现了其中

有令人难以发现的错误。对于名人的这部名著,他不敢贸然做出结论,又经过多少彻夜不眠的反复运算,确信自己的观点无误;于是他写了一篇论文,并附函寄给华罗庚。函中写道:"明珠上落下微尘,我愿帮你拭去。"华罗庚接读论文和函件后,大喜过望。他的《堆垒素数论》自1941年以多种文本问世以来,听到的都是赞美之声,其中不乏国际知名的数学家。今天,一个20岁出头的青年向他提出批评,后继有人,祖国有望。经过他竭力举荐,陈景润被调到中国科学院数学研究所工作,并且安排在华罗庚身边,这为陈景润从事数学研究提供了良好的条件。

  早在中学时代,数学老师向他们讲了数学领域里的一件重要事情:17世纪德国数学家哥德巴赫发现,每一个大偶数都可以写成两个素数的和;他对许多偶数进行了检验,都说明这是确实的;但是这需要证明;他算来算去,没有办法算出来;因为哥德巴赫的发现尚未经过证明,所以只能称之为"猜想"。200年来,世界上成千上万的数学家企图给这一"猜想"作出证明,但都没有成功。中学老师告诉他们:自然科学的皇后是数学,数学的皇冠又是数论,"哥德巴赫猜想"则是数学皇冠上的明珠;他鼓励学生们树立雄心壮志,摘取下这颗皇冠上的明珠。陈景润早已有志于此。

现在他摘取这颗明珠具有良好的条件,但是,他知道,这必须付出极其艰辛的劳动和汗水。从此,陈景润宿舍的灯光经常通宵达旦。他研究"哥德巴赫猜想"达到入迷的程度,他在图书馆看书,或在宿舍演算,常常忘了开饭时间,跑到食堂,关门了,那时街上没有饭馆、小吃店,只好挨饿;在走路时,他边走边想,以致碰到树干上。有一段时间,他患结核性肺膜炎,有时疼昏过去,醒来又继续演算;病情严重,被送进医院,但他很快从医院跑出来。那时别说没有计算机,就连简单的计算器也没有,演算全靠笔算,效率很低,他付出的劳动就更多。

无数的心血和汗水,终于换来了丰硕的成果。1966年5月号《科学通报》发表了陈景润对"哥德巴赫猜想"的一个简单证明(1+2)。他说:我的论文没有错,但我走的是一条远路,我要选择一条最近又准确无误的路。正在这时,"文革"开始了,陈景润以"白专典型"遭到冲击;但当他从被关押的地方释放后,立即在他6平方米的宿舍里,以床代桌,继续他的研究工作;后来,条件有了改善,他研究更加勤奋了。

1973年,陈景润终于找到一条简明的证明"哥德巴赫猜想"的道路。他的《大偶数表的一个素数及不超过两个素数的乘积之和》论文发表后,立刻在国内外引起强烈的反响。华罗庚等国内外许多数学家一致认为:陈景润的论文是"当前世界上研究'哥德巴赫猜想'最好的一个成果","是世界运用'筛法'的光辉顶点"。世界著名英国数学家哈勃斯丹和德国数学家李希特,获悉陈景润的论文后,立即在他们即将付印的《筛法》一书中加了一章,章名就是"陈氏定理"。

1979年陈景润应美国普林斯顿高级研究所的邀请,去做短期研究工作。5个多月的废寝忘食,他完成了论文《算术级数中的最小素数》,把最小的素数从原来的80推进到16,这一研究成果,也是世界上最新的。陈景润在美国5个月共得薪金1万美元,除去房租水电用去1 800美元,他的伙食费仅仅用了700美元,他把节余的7 500美元全部献给了国家。

鲁迅说过:牛,吃的是草,挤出来的是牛奶。这正是陈景润光辉品德的写照。

(施　惠)

时传祥的高尚道德情操

****

随着人们思想道德水平的提高,"把困难留给自己,把方便让给别人"已成为时代的风尚。时传祥一辈子生命不息,掏粪不止,"宁愿一人脏,换来万家净",把这种精神升华到一个更高的境界。

时传祥,1915年出生在山东省齐河县,1929年逃荒到北平当掏粪工人,在旧社会过了20多年牛马不如的生活。新中国成立后,时传祥有感于党和政府对清洁工人的关怀和温暖,继续留在北京市崇文区清洁队当掏粪工,并且把掏粪看成是一件十分光荣的劳动,时时处处带头,专拣脏活重活干,带动了整个清洁队的工作,原来每人每天背粪50桶,后来增加到80桶。队里有个青年,嫌干这个活丢人,想转到工厂去当工人。时传祥就找他谈话,对他说:"不论干什么工作都是为人民服

务","粪总得有人掏,不掏大粪,一个月满街都是大粪了",青年被他说服,更为他的行动所折服。

1959年,时传祥当上全国先进生产者,参加全国"群英会",并被选为"群英会"主席团成员,大会期间受到国家领导人的接见。国家主席刘少奇对他说:"我们都是为人民服务,只是分工不同,都是革命事业中不可缺少的一部分。"会后,时传祥对掏粪工作更积极了,他表示:自己要一辈子做掏粪工作,需要干到什么时候,就干到什么时候。

时隔38年,1996年10月26日,中共中央政治局常委、书记处书记胡锦涛专程看望徐州市城建局市政管理处下水道四班职工。这个班由10名女职工和两名男职工组成,担负着徐州地下5万米下水道和4 000多座窨井的疏浚、养护和排涝任务。在狭窄昏暗、恶臭扑鼻的下水道里,他们每天要挖出、运走数吨污物,日复一日,年复一年,从事着极其平凡而艰苦的工作,为城市的清洁、人民的健康默默无闻地做出了巨大的贡献,被誉为"时传祥式"的模范集体。胡锦涛来到四班,亲切地询问大家工作和身体情况,面对满墙的奖状、锦旗,他动情地说:你们发扬时传祥"宁愿一人脏,换来万人净"的精神,在清洁岗位上作出了重大贡献,充分体现了工人阶级的高尚品德和崇高思想情操。我代表北京来的同志,代表所有受过你们服务的人们,向你们表示感谢。说完,他向四班的全体职工深深地鞠了一躬。

党和国家领导人的这一躬,表达了我们党对各行各业、尤其是清洁工这类容易被人轻视的行业职工辛勤劳动的深深敬意,也表达了对所有具有崇高道德品质人们的深深敬意。

(施 惠)

待人楷模

医德楷模李月华

李月华,一个普通的农村医生,在她去世之后,竟有那么多乡亲络绎不绝地到她家吊唁,有的号啕大哭,泣不成声;各大新闻媒体全文或摘要播发了反映她先进业绩的长篇通讯《人民好医生李月华》;人民出版社出版了与长篇通讯同名的传记文学并译成朝文版;北京大学中文系、北京广播学院、郑州大学中文系把报纸发的长篇通讯选为教材;新疆乌鲁木齐市的几个青年,读罢通讯,感受良深,互相传抄这篇长文。这是李月华忘记自我,全力为乡亲服务的动人业绩所产生的巨大影响,是她高尚的医德医风、无私奉献精神,触发人们肺腑的感应。

李月华,安徽泗县人,1938年出生,1955年参加农村医疗工作,1959年担任泗县曹场公社医院院长兼医师。她没有进过名校,也未经名师指点,但她凭着自己一颗赤诚之心和炽热的工作热情,凭着在实践中积累的临床经验,治愈或救活了不少乡亲。

1962年夏,李月华经过农民许步恩家,见许大爷拄着棍子艰难地行走,原来他患了顽症臁疮腿。老人应李月华的要求把裤腿上卷起,一股腥臭扑鼻而来,从膝盖以下,布满大大小小的脓疮,脓血交加,一片溃烂。老人说:患此顽症已十多年,曾跑过不少大医院,没有疗效,老人已绝望。李月华说:"大爷,我替你治。"她把李大爷

搀到公社医院，细心地洗净疮口，涂上药，包扎好，送大爷回家。以后，天天如此，一连半年，终于把大爷的顽疾治好。

这年冬天的一天，李月华清晨起来，门外大雪飞舞，周围银装素裹，积雪已一尺多厚。这时她想起赵二姐，不久前曾为她作产前检查，临产就在这两天，而她的丈夫还在工地上；于是她赶忙冒雪赶到赵二姐家。赵正为即将临产而家中无人焦急万分，李月华说："俺来照应你。"说完就帮她家挑水，搬来柴禾，做好饭才回去；下午，李月华又背着药箱来了，不到天黑，一个女孩就呱呱诞生。李月华又从家里拿来米、面、红糖、鸡蛋，亲自做好送到赵二姐手里，赵二姐眼里满含泪花。

1969年冬，李月华的女儿小冠英出世了。就在生下小冠英后的第五天深夜，北风怒吼，大雪纷飞，门外一位老大娘用颤抖的声音说："月华，俺的小外孙快没气了。"李月华说"俺就来"，说着穿好衣服，背上药箱就跟着老大娘冒着风雪经过几个村庄来到她家，只见小外孙浑身发紫，双目紧闭，呼吸微弱，她诊断是孩子妈妈睡觉时不小心，把孩子捂得窒息过去了；她立即进行人工呼吸，经过大半个小时，孩子"哇"的一声哭了出来；李月华抹去额上的汗珠，又给孩子打了针，让他安稳地睡去。

李月华心中装着的只有病人。节假日，家里饭菜做好了，凉了热，热了又凉，还不见她出诊归来。夜晚，家家户户已熄灯睡觉，只有李月华家的灯还亮着，她不是整理医案，就是在照顾"家庭病床"的病人。这"家庭病床"是医院病床住满了，李月华就把病人接到家里来住；几年下来，在她家住过的病人少说也有150人以上。这些病员衣服脏了，她就帮他们洗，没带粮食，她管饭，她给他们治疗、打针、喂药、端饭、倒水，既当医生，又当护士。70多岁的老农民周廷俊说："月华做的好事，就像天上的星星，俺们天天看得到，可是数不清啊！"

1971年8月27日李月华病倒了，一连4天高烧不退，头痛欲

裂,同事们诊断是疟疾,给她开了药。她昏昏沉沉地睡着。8月30日,农民李文赶着牛车送他妻子来到李月华家,她听到声音,不顾自己重病在身,让她丈夫把她扶起来为病人诊断,半个小时结束,开了处方,李月华虚汗淋漓,体温上升到41度。当晚10时,农妇邓彩霞生下婴儿,两小时胎盘还没有下来,大量出血,病情十分危险;医院郑医生看后为难地说:"这要做胎盘剥离手术,我们医院只有李医生会做,但她正在重病之中,上午还休克一次。"李月华听说后,使尽全身力气,撑着坐起来,由丈夫扶着到门诊室为病妇做手术,她忍受着巨大的病痛,汗水沿着她的发梢朝下流,全身都湿透了。终于手术成功,病妇的生命得救了,而她却因为在持续高烧中抢救产妇,劳累过度,出汗过多,引起严重脱水和酸中毒,经抢救无效,于8月31日殉职,年仅33岁。

李月华短暂的一生,是平凡而又伟大的一生。她心中只有病人,没有自己,直至牺牲自己来挽救他人的生命。她这种舍己为人的高尚品德堪称医务工作者的楷模。

(施 惠)

自强模范焦照磊

1997年5月16日下午,在北京人民大会堂里,中共中央总书记、国家主席江泽民紧紧握住了全国自强模范焦照磊的手:"你是来自安徽铜陵的焦师傅吧?"总书记把他的手翻过来看了又看。这双手是一位盲人的手,十几年里,他用这双"长了眼睛"的手修理了一万多台电机,成了世界上修理电机最多的盲人,他还曾两次跳进长江,用这双手救起落水者。他被江总书记称为"自强模范"。

盲人以修理电机为职业,简直不可思议。但焦照磊却真真切切地做到了别人难以置信的事情。

焦照磊生于1957年冬天,一个严寒的日子,铜陵市大通镇一户人家添了个有一双黑溜溜大眼睛的男孩,家里为他取名小童,可谁想到,这双大眼睛才忽闪了六年,就因为一场大病,连续五天的发烧夺去了他的视力,敛钱害人的游医,使他彻底地跌进了黑暗之中。

父母最大的愿望就是让儿子日后能有个吃饭的门路,他们请来了附近的一个算命先生,恳求他教孩子学算命;小童跑到村后的山坡上,大哭了一场,坚决不学这骗人的营生。父亲也哭了:"我们老了,谁来照顾你呢?""我不要人照顾,我要靠自己的双手吃饭,自己养活自己!"在他的要求下,父亲把他的名字改成了照磊。

为了减轻家里负担和实现自己的诺言,他开始学习上山砍柴和下江摸鱼。盲人看不见路,他就每天几米、几十米地探山道,摸路径,回家后把探得的路径牢牢记住,时间久了,他熟悉了大通五公里内的地形,甚至哪个地方有沟坎、石块,都能说出来,能一天分几趟挑回100多公斤的柴草。下江摸鱼,对长江边长大的孩子来说也许不难,可对一个失明的人来讲就不是一件容易事了;焦照磊练就了灵敏的耳朵和灵巧的双手,他通过千百次地听风声辨风向,用绳子测出划船的距离,摸清了顺流、逆流、静水等不同情况,每天夜里,他驾起小木盆沿江划去,居然都能摸回二三十斤鱼。

长期的锻炼练就了焦照磊特殊的耐寒力和潜水能力,1984年他报名参加安徽省首届残疾人运动会,获得了100米自由泳铜牌。他从"累赘"变成了挣钱能手。

他的哥哥会修电机,修理一台电机挣的钱抵得上好几十斤鱼虾钱呢。焦照磊也想学着修电机。可是他不认得字,看不到线路图,哥哥认为这是不可能的事。焦照磊想:"我总不能一辈子砍柴、摸鱼吧?我一定要学,而且一定要学好!"焦照磊要做一个有志气、有尊严的人。

此后,只要哥哥一修电机,他就站在旁边,摸外壳、摸转子、摸线圈,一边摸一边问名称,终于他做到了第一步:任何零部件,只要一摸,就能说出名字。第二步,他开始动手实验,没有零件,他找来了木头、细铁丝练习,用细铁丝绕成漆包线圈,不分昼夜地在桌子边拆了绕、绕了拆。有一次连续工作了两天的照磊,从桌边站起来时竟昏了过去。第三步,他又学着画图。他找了一块方方正正的木板,用竹片在上面钉成等距离的方格,用圆珠笔在上面一格一格地画了起来。哥哥看着盲弟的"图纸",劝他:"还是老老实实砍柴、摸鱼吧,修电机还要计算功率、电流,搞清线圈排列、操作工艺等,一个瞎子干这活,只能是瞎干。"

焦照磊却充满了自信,他在外甥的帮助下,在算盘上练起了加减乘除,弄懂了电磁感应、电流大小与导体截面关系等一些物理知识。经过无数次磨炼,他已能将一台电机拆了又装上。

有一次,一位农民送来了一台电机请哥哥修,哥哥正好不在,他大着胆子将电机拆开,记下线圈的匝数和排列,用自己卖鱼的钱买来

了漆包线。电机修好后,他请哥哥检查一下,哥哥用万用表一测,居然没问题。成功了!当听到这台电动机"呜"的一声转起来时,焦照磊的眼睛里流出了泪水,这是他几年的辛苦磨炼,是他修好的第一台电机啊。

焦照磊的电机修理部是全国首家由盲人开设的修理部,将近十年的时间里,他修好了1.5万台(部)电机、水泵、洗衣机和电风扇,创造了人间奇迹。

焦照磊的传奇经历上了广东卫视的《华夏奇人》,上了中央新闻纪录电影制片厂的《东方奇人》,被列入《中国残疾人名人大词典》,先后获得"安徽省残疾人先进个人"、"全国自强模范"等称号。

焦照磊用自己的行动告诉人们,强者脚下自有路,命运要靠自己把握。

(朱强娣)

武林高手振奋国威

晚清以来,我国积弱积贫,列强入侵,民生凋敝,人民不得温饱,体质普遍下降,外人诬以"东亚病夫",激起无数志士仁人奋起救亡图存,力图使祖国振兴,睡狮猛醒,洗刷国耻。这期间,出现了武林高手霍元甲。他的英名传遍国内外。

霍元甲,字俊卿,静海县小南河村(现天津西郊)人,出生于清同治七年(公元1868年)一个武术世家。他自幼随父辈练就一身过硬的功夫,年轻时就在天津内外同一些武林好汉比武切磋,经过几番较量,无论在力气、武功和拳术等方面都无可匹敌,有"霍大力士"、"黄面虎"之称。这时,八国联军入侵京津,他们的暴行,使霍元甲深深认识到"同自家乡亲和气,方为好汉;与外国强手争雄,乃是英雄";"一人强,无大用;全民强,有希望",他开始收徒传艺,训练乡勇。

清光绪二十七年(公元1901年),霍元甲33岁。有一天,一个俄国大力士在戏院卖艺,印的广告传单上写有"打遍中国无敌手,让东亚病夫见识见识"。霍元甲见到传单,勃然大怒,说这人如此欺侮中国人,真是欺人太甚,便带着一名徒弟来到天津卫戏院,看见那个大力士身材魁梧,气壮如牛。有人抬上一块厚铁板,他运足气后,竟把铁板卷成筒形;接着他叫翻译传话:欢迎"东亚病夫"上台较量。霍元甲一跃登台,说"'东亚病夫'霍元甲来与你较量"。"中国人比武有两种:一种君子斗,一种小人斗。前者不伤人,后者要见血。用哪种方法随你挑!"俄大力士见霍元甲气势非凡,已有几分畏惧,翻译向他介绍了霍元甲的武功后,更是不敢应战。他托翻译解释,传单和刚才演说纯属宣传,霍师傅武艺高强,不敢领教。霍元甲说:"既然如此,应登报认错。"俄人连忙点头答应。

日本柔道会知道霍元甲挫败俄国大力士,又在上海办起精武体操会,很不服气,1910年选派十几名高手,指名要与霍元甲比武。双方在虹口柔道会场较量,开始是霍的徒弟刘振声登场,连胜五人;日领队愤然亲自登场与霍元甲比武。此人武艺在柔道会中首屈一指,但一经与霍交手便步于凌乱,气喘如牛,此时方知霍的厉害;他企图下黑手伤人,霍元甲早有准备,虚晃一招,用肘急磕其臂,砉然一响,日领队臂骨已被磕断。日人为报此仇,指使日本医生秋野在为霍元

甲治病时,暗下慢性毒药;霍元甲服药后,病情加重,月余含恨离世,年仅42岁。精武体操会为他举行了隆重的葬礼,他为国雪耻,振奋国威的英雄业绩不胫而走,广为流传。

(施 惠)

舍家为国的三峡移民

建立三峡水利工程是我国人民的百年梦想。1919年,孙中山先生首次提出修筑三峡大坝的构思;1956年,毛泽东写下"截断巫山云雨,高峡出平湖"的著名诗句;1982年,邓小平果断表态:"看准了就要下决心,不要动摇";1992年,第七届全国人民代表大会通过修筑三峡大坝决议;1994年,三峡工程正式开工,2008年9月,雄伟壮丽的三峡大坝岿然屹立于长江之上。

三峡水利工程的建成,给国家和亿万人民带来巨大的利益。三峡形成220亿立方米的巨大水库,能够有效地滞蓄洪水,使下游

荆江大堤的防洪能力,由防御十年一遇的洪水,提高到抵御百年一遇的大洪水。三峡水电站是世界最大的水电站,每年的发电量可达1 000亿度,相当于4 000万吨标准煤燃烧所发出的电力。三峡工程极大地改善了长江重庆至武汉间通航条件,通航能力从原来的每年1 000万吨提高到5 000万吨。三峡水利枢纽工程在养殖、旅游、保护生态、净化环境、供水灌溉等方面均有巨大效益。

三峡工程的顺利完成,得力于库区百万移民的鼎力支持。傲然屹立的三峡大坝,物理构成是坚不可摧的钢筋混凝土,精神基石则是百万移民的无私奉献。三峡工程全部竣工后,库水淹没区将涉及湖北和重庆的20个区市县,最终动迁移民128万。1992年10月,湖北秭归杨贵店村70多岁的老党员谭得训说服4个儿子,全家老少拆掉4间大瓦房,搬进了临时帐篷,这是三峡百万移民搬迁第一户。1995年4月10日,桃花盛开。秭归向家店村46户王昭君的后裔,含泪跪拜祖先的灵位,乘坐木船顺江而下,远迁宜昌市伍家岗区。在百万移民中,没有一个人说"我为三峡做了贡献",但雄伟的三峡大坝,将永远铭刻着他们的名字。

三峡移民,并非百万人口的简单迁移,它牵涉广大移民生存基础的中断和重建,乡土、历史、文化、经济链条的遗失和续接。故土难离,始终是千百年来积淀在中国百姓心中的情结。然而,为了国家大计,为了民族大业,库区儿女本着顾全大局的爱国精神,舍己为公的奉献精神,万众一心的协作精神和艰苦创业的拼搏精神,挥别家园,为三峡工程让路,在迁入地区创业、发展。忠县成世珍把三峡移民当作一次创业的机遇,毅然放弃在家乡较为优裕的生活,从忠县搬迁到了重庆市合川的钱塘镇,办起了教育,取得了事业的成功。她坚信:敢于放弃才能真正拥有,善于选择就能把握成功。张立新原是三峡库区金帝工业集团经理,该企业濒临倒闭,他把移民看成机遇、在搬迁中深化发展,最终搬出了困境,更搬出了艰苦

创业、顽强拼搏的精神。

　　各级党委和政府把移民的安置和发展看为重中之重。三峡工程至2002年投资910亿元，其中移民资金330多亿元，占三分之一强。他们引导移民在库区开发。秭归县帮助移民建设"一户一个院，一人一亩田，统一水电路，自然连成片"的庭园模式村庄。由于三峡库区人多地少，后靠方式安置农村移民，耕地显得不足，国家就把库区移民分别被安置到11个省市。各地帮助移民们克服语言障碍、习俗差异等困难，发展生产，增加收入。接受对口支援项目，引进娃哈哈、汇源果汁、均瑶牛奶等国内知名品牌落户库区和移民集中区，使农民人均纯收入有较大幅度的增长，并展示出了美好的发展前景。

　　2002年7月3日，三峡百万移民获得的"感动中国——2002年度人物"的特别贡献奖，奖杯和证书被中国三峡博物馆永久收藏。他们舍家为国的爱国主义精神和高尚的道德情操，在全国各地广泛传播，赢得人们的普遍尊敬。在《百万移民，感动中国——三峡移民精神颂》大型展览巡展中，那一幅幅再现移民搬迁"舍小家，为国家"伟大壮举的照片，深深感动了广大干部群众。"祖坟前头三鞠躬，护佑子孙千里行，来年清明何处祭？长风一缕，吹张薄纸上祖坟……"展厅里，云阳县一位移民写下的这首诗，让众多的观众停下了脚步，泪水不禁夺眶而出。浙江省军区一位领导干部流着泪说："从这首诗中，我们真切地体会到了移民远离家乡时的心情，移民们是在用自己的行动，为三峡工程进行着无私的奉献，在实践着爱国主义精神啊！"杭州市的一名退休工人，她站在95岁的杨祥国老人带着全家五代、共29位亲人外迁的那幅照片面前，久久不愿离去："这是伟大的爱国主义精神的真实写照。"反映三峡移民崇高精神的川剧《移民金大花》，在北京、重庆等地演出时座无虚席，许多观众感动得热泪盈眶。

三峡工程百万大移民是一部波澜壮阔的迁徙史诗，是一曲响彻云霄的无私奉献的壮丽凯歌。

（惠　政）

抗击"非典"的英雄钟南山

2003年1月，一场突如其来的"非典"袭击了我国的许多地区。广东首当其冲，发病最早，病例最多，来势异常凶猛，尤其是这种"怪病"前所未见，用药无效，传染性强，不少医护人员被感染，一时社会上人心惶惶。在这关键时刻，广东省非典型肺炎医疗救护专家指导小组组长钟南山，带领广东广大医务人员奋起抗击，他们冒着被感染的危险，救死扶伤，夜以继日，奋勇拼搏，谱写了一曲可歌可泣的壮歌。

不久前，钟南山所在的广州医学院第一附属医院接收了一位从河源市送来的奇怪的肺炎病人，持续高热、干咳，使用各种抗生素都毫不见效。两天后，从河源传来消息：当地医院救治过该病人的8名医务人员均感染发病，症状与病人相同。同时许多市县也发生了类似的非典高发的情况。钟南山震惊了，他意识到问题的极端严重性。

钟南山，中国共产党党员，教授、博士生导师。1960年毕业于

北京医学院,曾到广州医学院、英国进修。1985年被指定为中央领导保健医生,受聘为世界卫生组织医学顾问、国际胸科协会特别会员。1996年5月当选为中国工程院医药与卫生工程学部院士,是著名呼吸内科专家。

就在非典肆虐的严重时刻,钟南山主动向广东省卫生厅请缨:"把最危重的病人往我们医院送!"除夕之夜,万家团聚,广医附一院领导和医护人员们却火速赶回医院投入战斗。面对有的医务人员有畏难情绪,钟南山毫不犹豫地说:"医院是战场,作为战士,我们不冲上去谁上去?"很快该院便接收了一批危重病人。钟南山身先士卒,亲自检查每一个病人,制订治疗方案,甚至抓起人工气囊为病人输氧。在他的带动下,医院上下形成一个团结战斗的集体,表现出大无畏的献身精神。情况在继续恶化,最让他揪心的是该院和其他医院有很多医护人员感染上非典,白衣战士严重减员。由于劳累过度,钟南山终于病倒了;他知道这时候他不能倒下,他以顽强的毅力和精湛的医术,治好了自己的病,略事休息就又投入了战斗。

钟南山清醒地认识到:正在进行的是一场找不到敌人的战斗,当务之急是要弄清这种病的症结所在,尽快找到预防与治疗方法。他带领专家,通过死亡病例的检验发现,非典病人主要死于"肺硬",即肺组织纤维化。要治疗好非典型肺炎患者,必须解决肺的纤维化问题。他们夜以继日地查阅文献,细致观察病人的变化,记录各种可供研究的资料,提出解决的试行方案。终于,他们找到了突破口:当病人肺部阴影不断增多,血氧监测有下降时,及时采用无创通气,病人的氧气吸入量就会增多,能较好地改善病人症状;当病人出现高热和肺部炎症加剧时,适当给予皮质激素,能有效地阻止肺部的纤维化病变;而当病人继发细菌感染时,必须有针对性地使用抗生素。实践证明,这是一套行之有效的救治方法,两位生命垂危的非典患者,经以上方法抢救,得以存活,奇迹出现了。省卫生厅马上组织专家讨论,修改完善以后,以《广东省医院收治非典型肺炎病人工作指引》下发各地市与省直、部属医疗单位。各地实践的结果也都证明此法有效,广东的非典疫情得到有效的控制。

在这关键时刻,钟南山临危不乱,显示出科学家的严谨治学态度与高度责任感。2月18日,北京国家疾病预防控制中心传来信息,在广东送去的两例死亡病例肺组织标本切片中,发现了典型的衣原体。在广东省卫生厅召开的紧急会议上,钟南山沉默良久,郑重地作了发言;他有根有据地否定了典型衣原体是非典型肺炎病因的观点;会议采纳了钟南山的意见。会后,有朋友悄悄问他:"你就不怕判断失误吗?有一点点不妥,都会影响院士的声誉。"钟南山平静地说:"科学只能实事求是,不能明哲保身,否则受害的将是患者。"

4月3日,世界卫生组织专家小组一行7人在广州迎宾馆听取广东专家的情况汇报。钟南山代表广东省非典医疗救护专家指导小组进行了40分钟的发言。他侃侃而谈,旁征博引,有理有据,实事求是,令世界卫生组织专家连连称道!他们认为,世界卫生组织希望得到的治疗非典型肺炎的经验在广东找到了。这在全世界是独一无二的。

2003年,钟南山因在抗击非典中功勋卓著,荣获全国"五一"劳动奖章,同时被广东省荣记特等功,被广州市授予"抗非英雄"称号。

(惠　政)

"当代雷锋"郭明义

随着学习雷锋的高潮迭起,"当代雷锋"郭明义的先进事迹在全国各地广泛传播,以郭明义名字命名的"爱心联队"蓬勃发展。正如胡锦涛总书记指出的:"郭明义同志是助人为乐的道德模范,是新时期学习实践雷锋精神的优秀代表。"

郭明义从参加部队到复员至鞍钢齐大山铁矿工作,30多年来,时时处处发挥先锋模范作用,在他到过的地方,留下了一串串光彩照人的先进事迹。

郭明义参军入伍,起初所在的部队驻于黑龙江省海林县的山沟里。冬天,当地天气异常寒冷。每天早上,郭明义总是天不亮就起床,冒着严寒外出挑水。挑满水缸后,他又忙着砍柴、生炉子、烧水,就为了能让战友们起床后用上热水。后来郭明义被分配到汽车连工作。有一次,一名战友开的汽车出现故障,在冰天雪地里折腾了半天也没修好;郭明义马上接过来,冒着零下40摄氏度的严寒钻到车底,躺在地上一修就是40多分钟,等到故障排除时,他已经被冻得站不起身来。郭明义入伍第二年就入了党、被评为师"学雷锋标兵","优秀团员"。

1981年郭明义从部队复员到鞍钢齐大山铁矿,他先后从事过6种不同的工作,无论在什么岗位上,他都能做到"最好"。在齐大

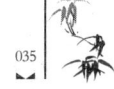

山铁矿扩建办任英文翻译,又创造了优异的业绩。原来不识"ABC"的他,硬是通过自学考入英语强化班进修一年,担任了电动大型矿石转运车的现场组装英文翻译兼驾驶员,24小时为外方工程技术人员服务,使外方人员很感动,多次要给他钱物作为酬劳,但他一笔都没收。虽然电动轮的进口备件质量检验不归他负责,但每次对着备件做翻译时,他都要认真检查一遍;前后共发现了5台电动轮质量问题,让外方赔偿了10万美元;这事使外方人员看到了老郭的能力与品格,对他更加敬佩。一家外国公司的中国区总管两次力邀老郭到他们公司任职,承诺给他工资6倍至7倍的报酬,然而,郭明义不为所动。

从1996年起,郭明义担任采场公路管理员以来,他每天都提前2个小时上班,15年中,累计献工15 000多小时,相当于多干了五年的工作量。管理员负责全矿采场公路的规划设计、检查验收和管理考核,是个技术干部岗位,本来他可以坐在办公室里打打电话,偶尔到现场看看就可以完成任务,但他常在采场公路现场办公。采场公路是由碎矿石铺成的,雨雪天是泥浆绊脚,刮风的日子则飞沙走石,想找个遮风避雨的地方都没有。郭明义在这或寒风刺骨、或热如蒸笼的环境中,每天工作10个小时以上,扎根采场15年。由于他常年在一线工作,熟悉情况,所以制定的养路技术标准、考核办法等均在国内领先,采场的主次公路达标合格率达98%。

1990年,齐大山铁矿号召职工义务献血,郭明义立刻报名,第一次献血。从此,他年年坚持无偿献血,有时一年两次,20年从未间断,累计献血6万毫升,相当于他身体全部血液量的10倍多。他还带动更多人加入到无偿献血队伍中来。

1994年,郭明义响应鞍山团市委希望工程办公室号召,向濒临失学儿童资助。第二天,他向岫岩山区一名失学儿童捐献200元,

此时的郭明义月收入不足 600 元。15 年来,他已累计捐款 7 万多元,帮助了 180 多名贫困儿童走进校园。而自己的家中却几乎一贫如洗。一家 3 口人至今还住在鞍山市一间不到 40 平方米的单室里。

对郭明义的行为,开始好多人不理解,甚至有人送他一个绰号:"郭傻子"。20 多年来,越来越多的人理解了"郭傻子"并和他站到了一起:鞍山市成立了第一支无偿献血志愿者服务队、第一支红十字志愿者服务队、第一支"郭明义爱心联队"。齐大山铁矿有职工 2 000 多人,参加郭明义各种爱心组织的超过 1 000 人。

郭明义先后荣获了优秀共产党员、鞍钢劳动模范、鞍山市道德模范、特等劳动模范、希望工程突出贡献奖、全国无偿献血奉献奖金奖、全国红十字志愿者之星、中央企业优秀共产党员等荣誉称号,荣获 2010 年感动中国人物。其颁奖词为:"他总看别人,还需要什么,他总问自己,还能多做些什么。他舍出的每一枚硬币,每一滴血都滚烫火热。他越平凡,越发不凡,越简单,越彰显简单的伟大。"

(惠 政)

无私奉献的杨善洲

前两年,云南遭遇了历史上罕见的干旱,很多地方群众的饮水用水都变得异常困难。可是在施甸县大亮山附近的群众家里,从山上接下来的水管里仍然有汩汩的泉水流出,虽然比平时细了许多,但与干旱地区的群众相比,这里的人们还是感到心满意足,他们说:"多亏了老书记啊,要不是他,不知道现在会是什么样子呢。"

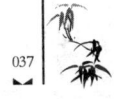

人们感念的老书记就是杨善洲。

1988年,杨善洲从保山地委书记的岗位上退休,组织上安排他到省城颐养天年,可是他却义无反顾地扎进了家乡的荒山。这座山位于杨善洲的老家施甸县城东南40多公里处,曾经也是林木参天。在大炼钢铁的疯狂日子里,大量的树木被砍掉了;后来当地的贫困农民又盲目地毁林开荒,致使一座原本郁郁葱葱的大山变成不毛之地。杨善洲眼见大山周边群众的生活困难,忧心忡忡。决定等退休后就回来改造这座大山,为群众做点实事,让群众早日摆脱贫困。

退休的当天,他就背起铺盖,赶到了大亮山山脚下。没有住的地方,他就用树杈搭建一个简易窝棚,后来才改成油毛毡房,在里面一住就是近10年;没有钱买苗木、树种,他就自己带着林工一起到街上捡果核,捡满一麻袋就送往山上;没有肥料,他就和林工一起带着粪箕去拾牛粪、猪粪。地委书记捡果核拾牛粪成了当时保

山地区的新闻。20多年过去了,从一棵树到一片树再到一座山的绿化,原本光秃秃的荒山变成了山清水秀、鸟语花香的大林场。山变绿了,杨善洲的头发全白了。

现在林场靠拦截山间径流,承担着3个乡镇约2.5万人的饮水供给和两个糖厂的蔗区灌溉任务;建有一所木材加工厂,加工抚育间伐的林材,群众的收入逐年增加。2009年4月,他将活立木蓄积量价值超过3亿元的大亮山林场经营管理权无偿上缴给了国家。

在林场20多年里,杨善洲接受的唯一报酬是每月70元的伙食补贴。2009年底,保山市委、市政府颁发给杨善洲特别贡献奖,并给予一次性奖励20万元,他将其中的10万元捐给了保山一中,6万元捐给了林场和附近的村子搞建设。杨善洲说:"我只是在尽一名共产党员的职责,只要活着,我就有义务和责任帮群众办实事。""实在干不动了,只好把林场交给国家,但这并不是说我就退休了,有我力所能及的事,我还是要接着帮老百姓办,共产党员的身份永不退休。"

杨善洲曾经是保山的地委书记,保山5个县、99个乡,每一个乡都留下了他的足迹。每次下乡,他都把锄头带在身边,与农民一起干活,一边拉家常,搞调研。一年里,他有一半时间在基层,地委开会都在晚上。他下乡从不给群众添负担,从来都是自掏饭钱;走村串户时看到群众有困难,还尽其所有地资助他们。

杨善洲自己常年忙于工作,照顾不到家,对组织上主动给与的帮助他也谢绝。按照政策,他的妻子和未成年的子女都可以把户口转到城里,可是他说:"身为领导干部,我应该带个好头。我相信我们的农村能建设好,我们全家都乐意和8亿农民同甘共苦建设家乡。"就这样,他的家人始终是农村户口。乡里一位副乡长看到老书记家粮食不够而送去两袋救济粮时,被老书记批评道:应该接济比我们家更困难的家庭。他叫家里人把粮食退了回去。像这样

的故事还有很多。杨善洲当地厅级领导近 20 年,义务造林 20 多年,几十年如一日,兢兢业业地兑现着自己"为群众做一点实事不要任何报酬"的诺言,他穷尽一生,无私奉献,用共产党员的坚定信念书写着执政为民的壮丽篇章。

(朱强娣)

舍己救人的"最美女教师"张丽莉

最近在全国范围内流传着一个"最美女教师"舍身救人的感人故事。

黑龙江省佳木斯市第十九中学的语文教师张丽莉,2006 年毕业于大庆师范学院文学院本科班,分配到佳木斯市第十九中学任教。2012 年 5 月 8 日晚自习过后,学生纷纷走出校门,张丽莉和一群学生正要过马路,这时迎面驶过来一辆失控的大客车,先撞到了前面的一辆大客车,又转过来冲向正在过马路的几个学生,眼看学生就要被冲倒,这时张丽莉不顾一切地迅速冲过去,拉过了一个学生,又推出了另一个学生,而她却被大客车碾压在车下。

这场突如其来的灾难,使在场的老师和学生惊呆了,当他们醒悟过来时,第一个念头就是赶快救人。

120急救车很快开过来了,张丽莉迅速送到医院救治。

省市领导第一时间赶到医院,要求医院采取一切措施抢救张丽莉。卫生部部长陈竺说:要举全国医疗系统之力救治张丽莉,并根据省、市要求决定将张丽莉转至哈尔滨医科大学附属第一医院救治。当天23时30分,从北京来的4位专家到达哈尔滨医科大学附属第一医院,等待张丽莉的到来。

当夜,黑龙江省卫生厅派出的两辆救护车火速把张丽莉转送至哈尔滨。沿途经过的地区包括方正、依兰等县区人民医院都派出救护车在路旁守候,以备急需。

当运送张丽莉的救护车驶离医院时,上百台当地的出租车打着双闪一直将救护车送至佳木斯市的出城口。

抢救,抢救,一切为了抢救。

5月13日凌晨,张丽莉到达医院。北京来的4位专家和哈医大一院的6位专家,还有佳木斯市的专家对张丽莉进行了全面的检查,会诊结论是,张丽莉一直处于昏迷状态,生命基本体征还算平稳,但病情仍有进一步恶化加重的趋势,他们表示:"我们一定会竭尽全力救治的"。

在事发现场,许多人见证了张丽莉舍身救人的壮举。李金茹老师说:"事发前,张老师正面对着大客车,只要她向后退一步,就能躲过大客车,可是她为了救学生却义无反顾地冲了上去。""当急救车赶到后,她还说'先救学生',我摸着张丽莉冰凉的额头,她十分虚弱。"张丽莉的同事王玉文说:"事故发生后,我就赶到了医院,张老师已经做完了检查,听医生说多处骨折,看到张老师的大腿两块骨头已经分离,她脸色苍白,已经昏迷。"

据佳木斯市宣传部工作人员介绍:肇事的是一个醉酒的女驾

驶员,她精神溜号,还与车上人说话,将腿别到操纵杆上,车辆一下子就蹿了出去,与前方停在路边的另一辆客车相撞,后又冲向放学的学生,张丽莉为救学生,却被碾到车下。这个肇事者的犯罪行为及其丑恶灵魂将会受到法律的严惩和舆论的谴责。

张丽莉是一位优秀教师。她入校5年,各种赛课、教学比赛都名列前茅。张丽莉所带的班级名次在学校遥遥领先。她曾先后被授予"青年骨干教师"、"教师新秀"、"最受学生喜爱的教师"等光荣称号。从初一到初三,张丽莉和她的学生称他们班是个"幸福快乐的家庭",学生们亲热地叫她"丽莉姐"。她非常关心学生,有个学生是单亲家庭,生活十分艰苦;张丽莉在得知他家的情况后,虽然自己收入有限,仍每月都给他一百块钱,从孩子上初一时起就一直坚持。

2012年5月15日、5月16日,张丽莉相继获得获"全国五一劳动奖章"、"全国三八红旗手"、"全国优秀教师"等"荣誉称号"。她的事迹在《人民日报》、中央电视台登载、播出后,引起全国人民的高度关注。5月20日,中共中央政治局委员、国务委员刘延东亲赴哈尔滨医科大学附属第一医院,代表党中央、国务院看望张丽莉。刘延东说,张丽莉在生死攸关的危急关头,将生的希望留给学生,将危险留给了自己,用无私大爱谱写了一曲生命赞歌。张丽莉奋不顾身勇救学生的感人事迹在全社会引起强烈反响,不愧是高尚师德的典范。

张丽莉的丈夫李梓烨说:"现在我只希望妻子尽快醒来,以后我就是她的依靠,而她也是我的唯一,无论何时何地,我们都会永远在一起。"

(施惠)

邮政史上传奇人物王顺友

在四川省凉山彝族自治州木里藏族自治县雪域高原,经常看到一个人牵着一匹马,驮着邮包默默地行走;他就是当地老百姓热爱和尊敬的马背上的邮递员王顺友。

1984年,19岁的苗族小伙子王顺友从当乡邮员的老父亲手里接过了马缰绳,子承父业,成了一名乡邮员,走上了马班邮路的漫漫征程。20多年来,他一个人、一匹马,跋山涉水、风餐露宿,按班准时地把一封封信件、一本本杂志、一张张报纸准确无误地送到每个收件人和读者手中。每趟邮路往返里程360公里,月投递两班,一个班期为14天。这些年,他送邮行程达26万多公里,相当于走了21趟二万五千里长征,在崇山峻岭间书写着邮政传奇。

王顺友担负的马班邮路,山高路险,气候恶劣,这里地处青藏

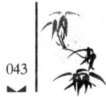

高原东南,高山绵延起伏,从海拔近5000米到近1000米,气温从摄氏零下十几度到近摄氏40多度。他走过的邮路依次要经过察尔瓦山、雅砻江河谷等大大小小的山峰沟谷,穿过四片野兽出没的原始森林。他每次必经之地察尔瓦山,一年中有6个月冰雪覆盖,气温低达零下十几度;而同样是他必经之地的雅砻江河谷,气温又高达40多度,酷热难耐。从白碉乡到倮波乡,还要经过当地老百姓谈之色变的"九十九道拐"。这里,山狭路窄,抬头是悬崖峭壁,低头是波涛汹涌的雅砻江,稍有不慎,就会连人带马摔下悬崖掉进滔滔江水中。

王顺友在马背邮路上经历了常人难以承受的艰难困苦。他经常露宿荒山岩洞、乱石丛林,经历了被野兽袭击、意外受伤等艰难困苦。当万家灯火、家人团聚的时候,王顺友经常一个人蜷缩在山洞、牛棚、树林里,只有骡马与他相伴。他冬天一身雪,夏天一身泥;饿了啃几口糌粑面,渴了喝几口山泉水或吃几块冰;到了雨季,他几乎没穿过一件干衣服。由于常年野外风餐露宿,喝酒驱寒,王顺友的身体一堆毛病,胃病常年伴随他,他的心脏、肝脏、关节经常受到病痛的折磨。今年才40岁的他,脸色黝黑,眼窝深陷,皱纹有如刀刻。他一路奔波不喊累不叫苦,战胜孤独和寂寞,将党和政府的声音、时代发展的变迁及时传送到雪域高原的村村寨寨。他还热心为农民群众传递科技信息、致富信息,购买优良种子和捎去生产生活用品,王顺友做这些"分外事"甘愿绕路、贴钱、吃苦,受到群众的交口称赞。

王顺友视邮件为生命,从未丢失过一个邮件。为保护邮件,他曾勇斗歹徒。2000年7月,王顺友翻过察尔瓦山,途经树珠林场时,从树林中突然跳出两个劫匪,恶狠狠地大声冲他叫喊:"把钱和东西交出来!"面对匪徒,王顺友没有胆怯,他以更高的声音正义凛然地喊道:"我是乡邮员,是给大家送报纸信件的!要钱没有,要命

一条！"说话之间，王顺友靠向自己的马，从背篓中拔出刀子，欲与匪徒搏斗。两个匪徒慑于王顺友一身正气，又带着刀，不知如何是好；趁匪徒愣神的工夫王顺友纵身上马从匪徒身边冲了过去。

　　送邮路上，险象环生。1988年7月的一天，王顺友送倮波乡的邮件来到雅砻江边，他把溜索捆在腰上向雅砻江对岸滑过去。不料，快到对岸时，溜索上的绳子突然裂断，王顺友从两米多高的空中摔在河滩上，邮件包从背上弹落在滔滔的雅砻江中顺江漂去。王顺友"呼"地一下从河滩上爬起来，跳进湍急奔流的江中，硬是把邮件包抢了上来。此时，王顺友累得瘫倒在河滩上。可他只休息了一会儿，便又背上邮件向倮波乡艰难地走去。

　　王顺友的模范行为获得一系列荣誉称号：全国和四川省邮政劳动模范；全国"五一劳动"奖章获得者；四川省优秀共产党员；全国劳动模范。2005年获感动中国人物的荣誉称号，受到胡锦涛总书记的接见。他被人们称颂："一个人一匹马，一段世界邮政史上的传奇"，"他用一个人的长征传邮万里，用20年的跋涉飞雪传心"。

（施　惠）

高原上盛开的并蒂雪莲

　　胡忠、谢晓君夫妇主动请求到环境艰苦的藏区坚持支教12年，做出了显著成绩，人们称他们是高原上盛开的并蒂雪莲。

　　在去四川藏区福利学校支教前，胡忠、谢晓君都是成都名校石室联合中学的教师，他们有一个女儿和温暖的家庭。2000年，他们带着8个月大的女儿去甘孜旅游。一路上，他们被塔公草原美丽

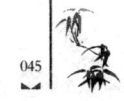

的景色所倾倒，但更触动他们心灵的是，在塔公乡的西康福利学校众多孤儿渴求知识的眼神。胡忠告诉妻子自己哭了一路，他和妻子商量以后，向学校交了辞职信，就去西康福利学校任教去了。虽然孩子还不到1岁，但谢晓君选择了无条件支持丈夫，觉得那些孤儿太可怜了，他们迫切需要老师。

胡忠来到的这个福利学校，地处海拔3800米，高寒缺氧，条件艰苦。甘孜州13个县的143名孤儿都被免费安排在这里寄宿制读书。胡忠每天清晨5点多就要打开校园广播，招呼大家起床、洗刷、做操，除了上课，还要照顾孩子们的生活起居。他像对待自己女儿一样把温暖送给孤儿。一听说哪里有孤儿，他立马赶过去接人。久而久之，当地百姓把胡忠叫做"有菩萨心肠的老师"。

"成都少了一个我这样的老师，没有多少损失；但对藏区的孤儿，我的到来或许能改变他们的命运。"胡忠在颁奖典礼的现场这样说。11年前，他来到康定县塔公乡支教，每个月仅有300多元的生活补助；由于生活艰苦，工作繁重，他比支教前苍老了许多。

丈夫离家的前两年，谢晓君都是利用假期去探望，教音乐的她偶尔还客串几回代课老师；与孤儿们接触的次数多了，她动了留下来的念头。2003年，成都市教育局选拔一批教师到甘孜州支教，谢

晓君立即递交了申请，最终如愿以偿到了西康福利学校。

从盆地到高原，适应的过程充满了委屈。刚来的几个月，3岁的女儿整晚咳嗽，谢晓君也因缺氧头疼，无法入睡。但不服输的性格让她迎难而上，"既然来了，说什么也不能打退堂鼓。"通过朋友寄来的教材，谢晓君尝试担任音乐老师以外的4种角色——数学、生物、生活老师以及图书管理员，顶替离开的支教同行。在她支教的3年中，连续两年被西康福利学校授予"优秀教师"称号。

2006年8月支教期满，回到成都的谢晓君重新过上了都市人的生活，没有寒冷和缺氧的困扰，也没有繁重的课时量；但她内心涌动的却是一种歉疚和失落。"我享受到了好的生活，可是那些孤儿却因我的离开，从希望之巅跌到了谷底。"经过反复思考并与亲人协商后，谢晓君作出了调进甘孜州的决定。2007年2月，谢晓君将工作关系转入康定，成为康定县塔公乡木雅祖庆学校的一名汉语教师，教两个班汉语兼任学校大队辅导员。她把7岁女儿也带来读书。

"对这一重大决定，我至今没有任何遗憾和失落。相反，我的内心拥有了从未有过的满足和幸福。我坚信我在履行一名教师应尽的职责！"谢晓君说。

这期间，胡忠一直在西康福利学校默默工作着，他从班主任、思想品德老师、教务主任、后勤主任至升任校长。12年间，胡忠仅回过5次家，和妻子也只能两三个星期见一次面。在学校，143个孤儿都叫胡忠"阿爸"。12年中，胡忠以自己的言行感染着这些孩子，引导他们勤奋学习和培养高尚的道德情操。毕业的学生中，有44人考上了大学，其中许多人表示毕业后要回乡服务。

今天的西康福利学校占地50多亩，篮球场、教学楼等一应俱全。木雅祖庆学校也从最初的600名学生发展到了1 650名，校舍从4间板房变为面积超过9 000平方米的现代化楼房。长年的高原生活,谢晓君落下了背痛的顽疾,而刚刚40岁出头的胡忠已是满头银丝。

胡忠、谢晓君以感人的业绩被评为2011年感动中国人物。颁奖会上对他们的颁奖词是:"他们带上年幼的孩子,是为了更多的孩子;他们放下苍老的父母,是为了成为最好的父母。不是绝情,是极致的深情;不是冲动,是不悔的抉择。他们是高原上怒放的并蒂雪莲。"

身残志坚的聋哑人舞蹈家邰丽华

"从不幸的谷底到艺术的巅峰,也许你的生命本身就是一次绝美的舞蹈,于无声处,展现生命的蓬勃,在手臂间勾勒人性的高洁,一个朴素女子为我们呈现华丽的奇迹,心灵的震撼不需要语言,你在我们眼中是最美。"这是2005年感动中国人物的颁奖词。这位特殊的获奖者用她的人性和美让我们看到了生命的绽放,如花开无声,却光彩迷人。她就是被称为"全球六亿残疾人的形象大使"、"联合国教科文组织和平艺术家"的邰丽华;她就是第十一届全国政协委员,被授予全国劳动模范、全国自强模范、巾帼建功先进个人等荣誉称号的邰丽华。

1976年邰丽华在湖北武昌出生,不久,厄运就降临到这个原本

幸福快乐的孩子身上。在邰丽华两岁的时候,因为一次高烧不退导致听力受损,她甜美的嗓音也伴随着失聪而永远消失了。从此,她陷入了一个无声的世界。

可是一次律动课挽救了她,给了她一个更加丰富绚丽的世界。

那一天,老师为了让学生感受什么是节奏,就踏响木地板上的象脚鼓,把震动传给地板上站着的每一位学生,"嘭、嘭、嘭",震动从脚下传遍了邰丽华的全身。刹那间,一种从未有过的感觉像激流一样充斥着她的内心;她索性趴在地板上感受,大眼睛里闪烁着激动和惊喜的光芒;她兴奋地指着自己的胸口告诉老师:我—喜—欢。

老师发现了她身上的舞蹈天赋,开始对她进行训练。15岁那年,邰丽华被中国残疾人艺术团挑中,正式接受专业舞蹈训练。刚进团的时候,她的舞蹈基本功是最差的,甚至连踢腿都做不好。老师安排《雀之灵》来考验她,这是著名舞蹈家杨丽萍的代表作,表现难度极大。结果可想而知,压腿不到位、提腿不准确、手位不协调。在老师看来,她关于舞蹈的一切好像都不太如意;最后,将她一个人丢在了排练室。

然而,这些困难对邰丽华来说都是会克服的,因为她有一颗热爱舞蹈并且执著坚定的强大内心。半个月后她从原本的转几个圈练成了转两三百圈,这完全出乎老师的预料,也让老师对她充满了更大的期望。

一曲《雀之灵》有多少节拍,她不知道,老师们却做了一次测试,邰丽华凭借着惊人的感觉完成了700多个节拍,竟丝丝入扣。她唯一的方法就是练习、记忆、再重复,她仿佛就是一只充满灵性圣洁的孔雀。杨丽萍看到这个25岁聋哑女孩的表演后,惊讶无比:"我创作《雀之灵》这么多年,如果听不见音乐,我都不知道自己能不能跳出那种味道来。而你竟然跳得这么好,真不简单!"

以后她每天都坚持练习舞蹈,身上青一块紫一块,可是,邰丽华却说:"我喜欢跳舞,一点儿不觉得疼。"为了练好一个动作,她会反复很多遍,冬天的时候穿着一件单衣都会汗流浃背。

1992年8月,在意大利斯卡拉大剧院上演了一场人类艺术盛典——无国界文明艺术节。参演者都是世界顶级的舞蹈家、音乐家。邰丽华作为唯一参加演出的残疾人,被誉为"美与人性的使者"。

凭借着自己的执著和天赋,邰丽华在舞蹈界获得了一个又一个大奖,可是她并没有把自己仅仅局限在舞蹈的世界,她心中又树立了一个新的目标——上大学。1994年邰丽华如愿以偿地考取了湖北美术学院,成为一名大学生。她对舞蹈有了更多的思考,更善于琢磨用舞蹈来表达情感了。

2000年9月,邰丽华随艺术团来到顶尖的艺术圣殿——纽约卡内基音乐厅,以一曲完美的《雀之灵》征服了纽约的观众。

2002年10月,"残疾人国际"第六届世界大会在日本举行。邰丽华表演的舞蹈再次获得了如雷般的掌声,她被称为"人类特殊艺术的火炬"、"全球六亿残疾人的形象大使"。

2003年3月在波兰,她表演的《雀之灵》感动了波兰总统夫妇及所有的观众;当他们知道邰丽华听不到掌声时,很多人伤心地流泪了。

2004年9月,在雅典残奥会闭幕式上,邰丽华和中国残疾人艺术团的同伴们表演了《我的梦——从奥利匹亚到紫禁城》,再次征服了世界各国的千万观众;演出结束后,各国记者蜂拥而上,将邰丽华团团围住。

2005年,邰丽华参加央视春晚,以她领舞的《千手观音》让国人感到深深的震撼,该舞蹈也获得"我最喜爱的春晚节目"一等奖和特别大奖。

随着名气越来越大,找她代言的广告商也纷至沓来,但都被她一一拒绝了。她说,一个舞者必须保持内心的平静,"舞蹈让我快乐。而成功,只是生活的恩赐。"

她就是这样一个乐观快乐、朴实美丽的人,虽然身患残疾,可是从来没有自暴自弃,反而磨炼了一颗坚强的内心。她是那么热爱生活、热爱生命,充满了对社会和家庭的感恩。她将美奉献给世界,作为中国残疾人艺术团团长率团出访60多个国家进行演出。她更将浓浓的爱传递给身边的每一个人,带领艺术团多次开展公益慈善活动和义演,并用节省下来的收入设立"我的梦"和谐基金,帮助那些需要帮助的人。她的自强、善良、美丽、执著打动了每一位中国人。

(王玉洁)

率先制服天花的太平人

天花是历史上各类烈性传染病中最严重的一种,它在全球长时期肆虐,夺去生命过亿;从15世纪开始,它在欧洲广泛流行。法国国王路易十五世、英国女王玛丽二世、德皇约瑟一世、俄皇彼得二世等都死于天花。中世纪的欧洲几乎每五个人中就有一个带有天花留下的瘢痕,俗称"麻子"。16世纪殖民者把天花带到美洲,天花病毒迅猛蔓延,在不到100年的时间内,美洲的阿兹台克帝国的居民从2 000万人锐减到160万人,92%的人死亡,整个社会体系陷于崩溃。在我国,从汉代起天花就一直在威胁着人民的生命安全。尤其在清代天花始终是挥之不去的魔影。驰骋疆场的八旗兵士,以骁勇善战著称,但面对天花却显得英雄气短。紫禁城的高墙重门，能够抵挡火炮箭矢，却不能抵挡天花的肆虐横行。入关后清朝的十位皇帝，其中，顺治、同治直接死于天花，康熙、咸丰虽然侥幸从天花魔掌中捡回了性命，但却在身上和脸上留下了永久的瘢痕（麻子）。可以说，有清一代，从进关入主中原到辛亥革命后宣统被迫宣布退位的267年间，从未走出过天花笼罩的阴影。

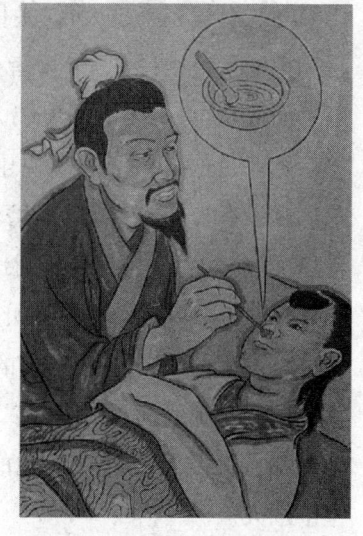

现在天花已在全球灭绝。当人类庆贺这一伟大胜利的时候，我们不能忘记率先舍命制服天花恶魔的安徽太平人。是他们最早发明了人痘接种法，为人类制服天花开辟了道路。清代著名医学家俞茂鲲所著《痘科金镜赋集解》（刊于1727年）记载："闻种痘法起于明朝隆庆年间宁国府太平县，姓氏失考，得之异人丹家之传，由此蔓延天下。"当时宁国府太平县，为今安徽省黄山市黄山区，种痘发端于此。

人痘接种法，就是采集天花患者身上脓疮里面的痘浆（充满天花病毒），用棉花蘸取，塞入被接种者的鼻孔，或者植入他们上臂擦划出来的皮下伤痕中，使被接种人受到天花病毒的感染，幸存后就能获得对天花的免疫能力。但这是一种相当危险的行为，植入痘浆数量少了，就不起作用；植入多了，被接种人就可能真的患上天花而死亡。所以，太平人是在用自己的生命来换取制服天花的疫苗。正是他们以不惜牺牲自己的大无畏精神，依靠果敢和睿智，经过不断创新和改进，终于成功地创建了人痘接种法，由太平县逐渐扩展至皖南和江苏一带。

人痘接种法在很长一段时间内只是在民间流传。到清康熙年

间，由于朝廷的大力提倡和推广，人痘接种法已是"始自江右，达于燕齐，遍行南北"。随着人痘接种法在全国城乡普遍推广，有效扼制了天花病毒的流行。于是它的影响越出国界，飞过重洋，传到俄罗斯、朝鲜、日本、中亚、中东和欧洲一些国家。英国驻土耳其大使的妻子蒙太古夫人，随丈夫从天花流行的英国到土耳其赴任，亲见人痘接种法的神奇效果。她回到伦敦后，大力宣传此法。英政府进行试验，果然有效，此事轰动了英伦三岛。法国启蒙思想家、哲学家伏尔泰对人痘接种法给予很高的评价："这是被认为全世界最聪明的、最讲礼貌的一个民族的伟大先例和榜样。"

依据人痘接种法的原理，英国医生爱德华·琴纳于1772年发明了牛痘接种法。它比人痘接种法更安全更有效。但它比有历史记载的人痘接种法时间晚了200多年。

公元1805年，从中国传出去的人痘接种法，经过改良成为牛痘接种法，在世界上转了一个大回环，又回到了它的故乡。1961年随着最后一例天花病人的痊愈，中国境内天花绝迹。1977年10月26日，全球最后一名天花患者索马里人马丁被治愈，世界卫生组织宣布，危害人类数千年的天花已经被根除。

（惠　政）

一 舍己为人

　　舍己为人是道德范畴的最高境界,语出《论语·先进(朱熹注)》,意指牺牲自己的利益去为别人谋幸福。我国自古以来,正是有一批舍己为人、义薄云天的高尚人士,使利他成为社会风尚,才使中华民族得以蓬勃发展,经久不衰。

　　中华民族的人文始祖神农氏,亲尝百草以辨别良莠,确定取舍,结果一批可食的农作物品种被选出,一批可以疗疾的药草被发现,但他终因误尝断肠草中毒而死,葬于天台山。辛亥革命时期皖籍烈士程家柽、吴越、吴旸谷慷慨赴死,舍生取义。周恩来在飞机濒临坠毁之际,毅然将降落伞推给别人,把生的希望让给他人,把死的危险留给自己。罗盛教、向秀丽、欧阳海、高建成在生死之际,选择了舍生取义,拯救了他人,牺牲了自己。沈浩、孟二冬则是在新时期为了富裕农民、普及教育而耗尽心血,倒在了工作岗位上的当代道德楷模。本节所载的12位道德楷模,代表了中华民族在不同历史年代舍己为人、舍生取义的光辉典范,他们的光辉事迹,在广大人民心中树起一块块不朽的丰碑,并产生巨大而深远的影响。

舍己为人、万古流芳神农氏

炎帝和黄帝是我国远古时代华夏部落的卓越领袖,是中华民族万民景仰的人文始祖。炎帝和黄帝,他们生存的年代,大约距今六七千年至五千年之间。炎帝对人类最卓越的贡献是倡导创建了原始农业和初始医药,为先民的生存和发展奉献了毕生的精力和宝贵的生命,因而得到人们的普遍尊敬和景仰,被尊称为神农氏。

我国农业经过刀耕火种、耜耕和犁耕,逐渐进化为现代农业。刀耕火种是人们有意识地把一片草地或小树林纵火焚毁,用以开垦农地,并增长地力;然后用尖头木棒或石器在地里挖一个个小洞,植入谷物种子,任其生长,既不松土,又不施肥,待地力耗尽(约3年)又另辟耕地。神农氏首创的"斫木为耜,揉木为耒,耒耜之利,以教天下",开创了农业耜耕的新阶段。耜,古代的一种农具,木制或石制,人们用它来翻松土地,改变土壤内部的团粒结构,起到增加肥力的作用。当时翻耕的土地比较浅,从出土文物验证,只有3厘米左右,但这却是一个伟大的突破性创举,为日后发达的耜耕、铜制或铁制的犁耕,乃至现代的机耕提供了范例,在我国农业发展史上具有里程碑的意义。进入耜耕以后先民们可以在几块耕地上轮流种植,不必经常流动到新的地方去开荒,这也为形成聚落乃至城镇创造了条件。

以炎帝为首的姜炎氏族,经过艰苦不懈的努力,成功地创建了原始农业和畜牧业。先民们从采集植物果实、渔猎鱼蚌和走兽,过渡到进行植物栽培、动物驯养的生产性经济;从终年风餐露宿,茹毛饮血,难得温饱,到辟地而耕,殖养田园,食宿无虞,并可腾出时间从事文化活动。这是一个从野蛮到文明的伟大进步。炎帝及其臣民和后裔在四五百年之间进行的这场农业革命,在我国人类170万年的历史进程中,是发展最快、成效最显、贡献最大的一个时期。

神农氏还首创医药。先秦文献记载:"古者民茹草饮水,采树林之实,食蠃蚘之肉,时多疾病毒伤之害。""炎帝神农氏尝味百草,宣药疗疾,救夭伤之命,著《本草》四卷。"

当年神农氏在创建原始农业和初始医药时,不仅以身作则,处处带头苦干实干,而且要冒着生命的危险,亲自品尝百草以辨别良莠,确定取舍。他身处莽莽草原或峡谷杂草之间,面对无数可食谷物和无用荒草、可以疗疾的草药和能致死人命的毒草,他需要作出抉择:或是漠然处之,侧身而过,得以自保;或是亲自尝试,决定取舍,以造福民众,这蕴含着巨大的风险,乃至危及自己的生命。他毅然决定尝百草以辨良莠,定取舍;于是出现"一日而遇七十毒"、"一日百生百死"的现象。先秦文献中的"七十"、"百"都是多数的意思,是说他在尝百草时曾经多次中毒遇险,由于他坚定的意志和顽强的生命力方始化险为夷。经过他坚持不懈地进行这种玩命的尝试,粟、黍、稻、菽等可食农作物品种被选出,并在大范围里种植;一批可以疗疾的药草被发现,制成可以治病的草药;一些毒物被发现,《神农经》记载有6种剧毒的动植物不可入口鼻耳目,人即致命。此书虽是后人依据传说编写,但内容可信。炎帝神农氏在尝

遍百草,为民众获得多种可食嘉禾和治病的良药之后,终因"误尝火焰子(又名断肠草)中毒而死,葬于天台山"。炎帝为造福民生而献身的功德,光照万世而永垂不朽。

(惠 政)

坚持为民众疗疾的华佗

华佗是我国汉末著名的医学家。他幼年熟读四书五经,成年后目睹朝政腐败,灾荒频仍,疫病蔓延,遂走上以医济民的道路。他找到《黄帝内经》、《神农本草》等医书,认真阅读,刻苦钻研,并在实践中发现许多有用的草药,把它们制成制剂。他起初在家乡亳州一带行医,后转至彭城(今徐州)一带,然后足迹遍及豫州、青州、兖州等方圆数百里的地方。他不断探索、研究、创新,做到临症施治,诊断精确,方法简便,疗效显著。《三国志》、《后汉书》、《太平广记》都记载了华佗和医案,反映了他在医学上的成就和地位。

华佗精通内、外、妇、儿、针灸各科,尤以外科擅长。他的内科就诊施药,常使许多名医折服。沛县县令苏蒙得了重病,腹痛难忍,当地许多名医束手无策。华佗被请来就诊后,他肯定诸医的诊断和处方,唯独加大芒硝和大黄的剂量,多到使众医大惊失色,药店也不敢发药,华佗在处方上签字画押,以示负责;病人服药后几个时辰,排出了大量积滞恶臭的大便,疾病痊愈。

华佗还擅长妇科。东阳(今山东平原县)陈叔山的两岁小儿,每吸母乳便啼哭不止,同时腹泻严重;诸医对小儿多方医治无效。华佗接诊后用养阴的四物女宛丸让其母服用,小儿遂不啼哭,腹泻亦止。华佗在答复诸医询问时告知:"此乃其母又有身孕,阴气内养,乳汁虚寒,今天吾治母病,实由母及儿也。"民间还流传这样一件事:有一位妇女,腹部疼痛,坐卧不宁。华佗诊断是该妇怀孕时受了伤,胎儿已死,但未下来。这位妇女的丈夫不信,因为情况确如所诊,但死胎已经下来。过了几天,妇女病情转重,再来复诊,华佗坚持认为死胎未下,可能是个双胞胎,一个已下,一个还在腹中;华佗为之扎针、服药,又找一妇女为之按摩,帮其助产,果然产出死胎,已经发黑。华佗救了此妇一命,夫妇千恩万谢而去。

华佗最重要的成就是发明了中药麻醉剂——麻沸散。此药可使病人在全身麻醉后,在病人腹腔进行手术。一次人们抬来一个危重病人,脸色苍白,呼吸急促,腹部剧痛;华佗诊断为肠痈,并已溃烂。他立即叫学生把麻沸散用酒冲了让病人服下,待病人失去知觉后,他和学生打开病人腹腔,将腐烂的肠子切除,将患处洗净,再把两端肠子接上,然后封闭腹腔,缝合起来。一个月后病人行动自如。麻沸散,不仅在我国前所未有,也是世界人体麻醉史上的创举,它比欧洲人后来发明的麻醉剂"哥曼方"要早一千多年;此方传到朝鲜、日本、摩洛哥等国,在世界上产生了重大的影响。

华佗高超的医术为世人所传诵,被称为"神医"。曹操把他请来为自己医治头痛病。他每次发病,头痛如裂;华佗给他针灸,每次进针后,疼痛立止;曹操询问根治之术,华佗如实告知,此乃脑部痼疾,只能缓治,带病延年。曹操怀疑他不肯为自己效力,欲把他留在身边,做自己的私人医生;但华佗的人生目标是为广大民众疗

疾医病,救死扶伤,而不是专门侍奉一个权贵;他遂以"妻子有病"为由告假回家,一去不回。曹操大怒,派兵将其抓回,关在狱中,并要把他处死;华佗知道自己不久于世,遂将他的医疗经验写成《青囊经》三卷,交给狱吏:"此书传世,可活苍生";狱吏畏惧,不敢接受,华佗遂要来火具,将书焚为灰烬,这是我国医学史上一件难以弥补的重大损失。公元208年一代名医惨遭杀害,时年63岁。他死后在其行医的许多地方,如徐州、萧县、沛县、许都等地民众为之建立了"华祖墓"、"华祖祠"、"华祖阁",他的家乡亳州市建立了"华佗纪念馆"。人们永远怀念这位不惜牺牲生命、坚持为民众疗病治疾的"神医"。

(惠　政)

程家柽舍身救战友

* * * * * * * *

程家柽是中国同盟会的创建者之一,我国旧民主主义革命的先驱,著名的辛亥革命英烈。同盟会成立后他担任外务部长。他认为,要取得革命成功,需要采取多种形式来进行反清斗争。打入敌人内部,获取情报,策反敌人,也是革命的重要工作。他在征得孙中山同意后,前往清廷皇室所在地北京。那时京城戒备森严,就在这恐怖气氛弥漫的时刻,程家柽执教于北京大学堂,通过教学向学生灌输革命思想,

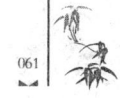

适时把进步学生发展为同盟会员。

在北京他设法接近清廷的权贵。在东京留学时,他曾经为访日的清廷高官当过翻译,于是就利用这层关系去接近他们。那时,清廷的肃清王善耆,掌握着部分军政大权,他曾为其作过翻译,于是就去晋见。善耆知道程家柽学识渊博,在学术界颇有声望,因而对程家柽装出一副礼贤下士的样子,加以笼络,经常请去交谈,程也虚与委蛇。一次,善耆装出进步的姿态,说革命已是大势所趋,不可逆转,表示愿做革命前驱,希望程家柽为他向孙中山暗中通款;程则盛赞善耆具有"远见卓识",表示如遇革命党人,定将他的愿望转告孙中山。1907年,湖北省革命团体日知会酝酿发动萍浏醴起义,由于叛徒告密,日知会的主要领导人刘静庵、胡瑛、朱子龙、张难先等均被湖广总督张之洞逮捕,并且即将问斩;同盟会员季雨霖星夜潜来北京,求救于程家柽。当时情况十分紧急,程沉思片刻,遂即以善耆的名义,给张子洞发了一份电报,令其暂缓行刑。事后程才去见善耆,并如实相告。善耆听说后非常生气,欲加罪于程家柽;程不动声色地说:假冒王命实在是罪不容诛,不过王爷曾向我表示要做革命先驱,我正是秉承王爷的旨意办事的。这一席话说得善耆目瞪口呆,只好以证据不足为由,电告张子洞将刘静庵等的量刑由斩决改为十年监禁。他还冒着生命危险,营救了在北京谋刺清朝摄政王载沣未遂而被捕的汪精卫和在南京谋刺两江总督端方未遂而遭拘捕的孙毓筠、权道涵,使这些革命党人免遭杀害,做出了其他人难以作出的贡献。

孙中山一直是清廷认为最危险的人物,必欲除之而后快。1907年5月,程家柽同日本浪人北辉次郎、清藤幸七郎一同饮酒,这两个浪人在酒后泄露了他们遵照清廷旨意、即将返回日本刺杀孙中山的密谋。他立即把这个重要信息火速告知刘揆一、宋教仁,叫他们把孙中山迅速转移到安全地带,并加强警卫。北辉次郎等

回日后,由于革命党人已有戒备,刺孙计划落空。他们分析知道此计划的唯有程家柽,遂返回北京,邀约四五个日本浪人于晚间潜伏于程回家必经之地,对程拳脚相加,予以痛殴;俟警察赶到,程家柽已是气息奄奄,急送医院抢救,始得转危为安。经过一段时间疗养,程伤势渐愈,然已造成严重脑震荡,若干年后仍时感头痛,记忆力较前锐减。

辛亥首义以后,袁世凯篡夺了领导权,倒行逆施,欲以帝制自为。程家柽不顾个人安危,在北京与熊世贞等策划反袁活动;不幸事泄,程、熊等被捕。1914年9月23日宣判程家柽死刑,就义时年仅40岁。

由于程家柽长期潜伏在敌人营垒中进行卓有成效的革命工作,他的工作岗位、行动方式和所创业绩只有少数同盟会的领导人知道,因而有的革命党人产生误解,甚至流传一些谤言。在他牺牲之后,同盟会写了一篇万字长文《程家柽革命大事略》,方使他的革命业绩大白于天下,人们永远铭记这位在特殊环境下为革命立下不朽功勋的英烈。

(施 惠)

吴越烈士喋血正阳门

吴越是辛亥革命时期著名的革命英烈,他以在北京正阳门车站弹炸清廷五大臣、粉碎清廷"预备立宪"阴谋而闻名遐迩。

清光绪三十一年(1905年),革命风起云涌,维新舆论遍及朝野,清廷为了缓和革命气氛,愚弄人民群众,放出"预备立宪"的空气,并派镇国公载泽、户部侍郎戴鸿慈、兵部侍郎徐世昌、湖南巡抚

端方、商部右丞相绍英等五大臣出洋考察宪政。清廷的这一骗局，容易蒙蔽群众，松懈斗志，阻挠革命运动的发展；吴越得知这一信息后义愤填膺，他连忙找到善于制造炸弹的革命党人杨守仁进行商讨；他们都认为，如果清廷的骗局麻痹了民众，清廷的反动统治就会延续下去，国家恐怕就永远没有重见天日的时候了。这时吴越慨然地说，我用你制造的炸弹去

把五大臣炸死，以唤醒民众，粉碎清廷阴谋。杨守仁听了心头一震，因为土制的炸弹引爆线头不能过长，点燃后来不及掷出去就可能爆炸，投弹人就会首先牺牲。杨守仁十分为难，觉得那样做太危险。吴越急切地说，现在事情迫在眉睫，顾不得许多了。只要我能炸死五大臣，让清廷的立宪骗局破产，使天下志士和百姓坚定反清信念，我虽死无憾。杨守仁为他这种舍生取义的精神所感动，同意吴越的意见，并就如何接应吴越行动做了具体部署。

1905年10月24日，这天是五大臣出国考察宪政的日子。天刚亮吴越就起身，打扮成仆人模样，怀揣炸弹来到正阳门车站。这里岗哨林立，警戒森严。吴越夹在仆人中间混进了车站，走上站台，踏上了五大臣乘坐的高级包厢，进入包厢后急忙从怀中取出炸弹，用火柴燃着引信，他正要把炸弹向车厢内掷去，不料列车已经发动，车厢怦然相撞，随着剧烈的震动，炸弹被震落在他的脚下，并且迅速爆炸。只听"轰"的一声巨响，烟雾弥漫，车穿地陷。吴越壮烈牺牲，五大臣中的绍英伤了右股，端方、戴鸿慈受了轻伤，载泽在慌乱躲藏时擦破了头皮。当时正阳门人喊马嘶，一片混乱。前来送行的各级官吏及其随从魂飞魄散，狼奔豕突；五大臣被吓破了

胆,急急逃回府邸龟缩不出。

吴越的英雄壮举产生了极其重大而深远的影响。吴越好友马鸿亮后来撰文高度评价这一壮举:"虽荆轲之匕、力士之锥未能命中,然而夺祖龙之魂,振志士之气,声闻全国,名震环球。徐烈士锡麟、熊烈士成基相继起于皖,黄花岗烈士发于粤,武昌义举遂覆清祚,皆此一弹首发其难,有以速之成也。"

吴越壮烈牺牲的消息传出后,鉴湖女侠秋瑾怀着沉痛的心情,写了《吊吴越烈士》的诗一首:"皖中志士名吴越,百炼刚肠如火烈。报仇直以酬祖宗,杀贼计先除羽翼。""死殉同胞剩血痕,我今痛哭为招魂。前仆后继人应在,如君不愧轩辕孙。"同盟会机关报《民报》增刊《天讨》以《吴越遗书》为题全文刊登了他数万言充满舍生取义光辉思想的文章。

1912年5月26日,在北京桐城试馆的礼堂里隆重举行了追悼吴越的大会,接着在安庆隆重举行了葬礼,同马炮营起义牺牲的8位烈士一起安葬于"皖江烈士墓",由孙中山亲题墓碑并亲撰祭文。安庆市将最繁华的一条大街命名为吴越街。在吴越的故乡桐城县,建立了吴越祠,办了吴越中学、吴越小学。吴越的名字流芳千古,永垂不朽。

(施 惠)

吴旸谷献身护黎民

✴✴✴✴✴✴✴✴

吴旸谷是辛亥革命时期同盟会在安徽的主盟,在领导安徽光复的斗争中,由于勇敢捍卫民众利益而惨遭杀害,他的光辉形象永远留在安徽人民的心中。

1905年吴旸谷在日本见到孙中山，并参与同盟会的组织工作，是同盟会16个发起人之一。同盟会成立以后，他被委为安徽主盟，从东京回到安徽，先后在合肥、芜湖、安庆、南京等地发展了大批同盟会员。在安徽公学，一次就有张树侯、常恒芳、孙万乘等80多人参加。由江彤侯、张伯纯分别主持的徽州公学和赭山公学，也发展了一批同盟会员，为革命积蓄了力量。

武昌首义后，面对清廷的军事压力，湖北军政府需要得到各省、尤其是周边省份的支援。曾发《檄安徽文》，企盼安徽军民"挥刀北指"。1911年10月30日，吴旸谷赶到安庆，召集革命党人管鹏、韩衍和新军六十一标、六十二标及马、炮、工营中的革命志士开会，议决于当晚起事，推举胡万泰为总指挥。可惜任人不当，胡届时畏葸潜逃；虽然部分革命党人仍率众攻城，但力量薄弱，清军固守，延至次日夜起义失败。不久，九江光复，正率领部分学生军在那里活动的吴旸谷即率部东进，并通知由革命党人领导的驻太湖的新军回援，各路起义军会攻安庆，清廷的江防军土崩瓦解，革命力量占据优势。

11月5日，省咨议局局长童茂倩游说巡抚朱家宝"和平"光复，晓之以大义，明之以利害；此时朱也得到袁世凯"顺应形势"、"不可胶执书生成见"的密电，遂同意独立。8日，省咨议局联合一些人，开会宣布独立，选举朱家宝为安徽都督、革命党人王天培为副都督。此举引起革命党人的强烈反对，群起支持王天培夺回了都督印信；不久朱家宝又唆使一帮流氓把王天培赶出都督府；正当流氓施暴之际，吴旸谷乘马赶到，试图帮助解围，殊料群氓起哄，吴的坐

骑惊窜,不能制止,致吴跌成重伤。

成了新都督的朱家宝,继续倒行逆施。皖人找到时任九江军政府海陆军总司令的李烈钧,请求派兵援皖,李遂派浔军黄焕章率所部2 000人于11月中旬抵达安庆;朱家宝仓皇逃走。黄部是一支临时拼凑起来的杂牌军,黄焕章又居心叵测;入城后即向咨议局"借"饷1万元,未达目的即派兵抢掠咨议局的大批军械和库银;后又纵兵焚烧民宅,洗劫繁华区商店和富绅住宅。吴旸谷闻讯后从芜湖赶回安庆,考虑"若以兵往,彼必惧,谋抵抗,是地方再受糜烂",遂只身进入浔军营内,严词责问黄焕章,限其即日离省;黄焕章恼羞成怒,竟嗾使其卫兵向吴开枪,吴身中7弹,当场壮烈牺牲,留下遗诗:"来来去去本无因,只觉区区不忍心,拼着头颅酬死友,敢将多难累生灵?"浔军作恶多端,民怨沸腾。李烈钧闻讯后极为恼怒,11月21日带两艘军舰率部来皖处理浔军问题。他在抵达安庆后,即将黄焕章拘捕,将纵兵抢掠的主犯军需顾英就地枪决,并严令将士把抢掠财物悉数归还。李烈钧上述举措,赢得民众拥戴,一致公推他为安徽都督,但不久李部即奉黎元洪将令率部离皖援鄂。吴旸谷牺牲后,他的灵柩运离安庆,经停芜湖,归葬合肥,沿途万人巷空,广大民众挥泪迎灵送灵,缅怀这位勇敢捍卫民众利益而壮烈牺牲的民主革命斗士。

(施 惠)

周恩来舍己为人道德垂范

✮✮✮✮✮✮✮

周恩来是人们衷心爱戴的好总理,他以超人的智慧、无私的奉献、高尚的人格赢得了亿万人民的尊敬。下面记述的几件事,是他

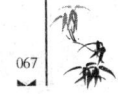

一生高尚人格海洋中激起的几朵浪花。

1945年8月,国共两党在重庆谈判,由于工作需要,周恩来经常乘飞机往来于重庆和延安之间。有一次周恩来乘机从重庆飞往延安,飞达秦岭上空时,气温骤冷,机身挂冰,因不堪重负而突然急剧下降。驾驶员为防止突然事故,果断地要求乘客扔掉行李包裹,以减轻飞机重量,同时要求大家系上降落伞,必要时跳伞避难。周恩来一面要求大家镇定,不要慌乱,一面从容地背上降落伞,并帮助同机人员系好降落伞。这时随机的叶挺女儿、11岁的叶扬眉因没有降落伞而急得哭起来。周恩来见状,马上毫不犹豫地解开自己背上的降落伞,帮助小扬眉系上;他把生的希望让给别人,把死的危险留给自己;这种舍己为人的精神顿使机上人员感动不已。有的提议让小扬眉同体重较轻的同志合用一把降落伞,把周恩来的伞还给他,但遭到坚决拒绝。不久,气温回升,机外积冰融解,飞机上升,警报解除,机上紧张气氛顿解,但周恩来高尚的品德,却永远留在人们的记忆中。

1938年10月19日,周恩来在武汉,他去参加纪念鲁迅逝世两周年活动,行至半路,响起日军空袭的警报,江汉关上顿时出现混乱状况,人们你推我挤,争相向偏僻处疏散。这时一架敌机向人群俯冲下来,周恩来的警卫员连忙拉住他的手向旁边躲避,但是,周恩来看到江堤上人群乱成一团,无人组织,就挣脱了警卫员的手,冲上大堤,边跑边喊:"散开!""卧倒!"这时敌机投下一枚炸弹,他

的警卫员不顾一切地冲上去,把周恩来扑倒在地,同他一起滚下江堤。几乎是同时,"轰隆"一声巨响,弹片、泥土四下飞溅,泥土把他们两人盖了一层。空袭警报解除后,他们回头一望,炸弹把周恩来原来站的地方炸了一个大坑,真险。他的警卫员后来回忆说:"不论在何时何地或者什么特殊情况下,周副主席首先想到的是人民,从不考虑他自己的安全。"

1938年11月,周恩来在随国民党撤退途中经过湖南长沙。这时张治中任国民党湖南省政府主席。蒋介石命令他"焦土抗战",在日军尚未到达长沙,只是听到敌军已到城下的谣传,长沙警备司令酆悌等3人未经请示张治中同意,也未通知居民疏散,于11月12日夜令士兵纵火烧城,结果城内2/3房屋被焚,烧死2万余人。为平民愤和推卸责任,当局将酆悌等3人枪毙。是日周恩来、叶剑英和八路军驻湘办事处人员都在长沙城内。大火起时,住处一片火海。周恩来此时十分镇静,他指挥大家从边门经石板街到达湘江江边,直到所有同志撤完,他才从火堆中冲出赶上队伍,脱离了火海。

1945年8月,蒋介石三次电邀毛泽东、周恩来赴渝谈判。是真要和谈,还是"鸿门宴",凶吉莫测。中央研究,尽管有危险还是要去。当时毛、周已作了最坏的打算,毛泽东交代说:如他们回不来,刘少奇负责,朱德、任弼时、陈云、彭真五大书记照样干。大家说,周副主席像赵子龙,一身是胆,保主席去重庆,就靠他啦!当时周恩来听了不吭声,他主要不是考虑个人的安危,而是觉得责任重大。

1936年"双十二"西安事变之后,周恩来率中共代表团来到刀光剑影的西安。当时蒋介石恨之入骨自不待言,其特务蠢蠢欲动;手握重兵的张学良、杨虎城由于苏联的错误声明(说张、杨是日本间谍,事变是为了挑起内战,便利日本入侵),怨气很大。在外围,

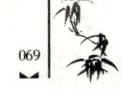

何应钦等一再叫嚣要轰炸西安,派重兵"平叛";红军适应形势,大批开赴前线紧张备战。面对如此险恶复杂的局面,周恩来从容而又紧张地进行各方面工作,终于达到促蒋抗日、和平解决这次事变的目的。但是周恩来和中共代表团的处境却十分危险。尤其是蒋介石扣留审讯张学良后,东北军中少壮派情绪反常,枪杀了主张和平解决事变的东北军王以哲军长,周恩来冒着生命危险在西安妥善协调东北军中的内部矛盾以及各方面关系,俟局势稳定才返回延安。

周恩来舍己为人的崇高品德,在人们心中筑起一座道德的丰碑。

(施 惠)

舍己救人的罗盛教

1952年1月,新闻媒体发布消息:正在朝鲜进行抗美援朝战斗的中国人民志愿军战士罗盛教,为救出掉入冰窟的朝鲜青少年,献出了自己年轻的生命。这一消息把两国人民的心更加紧密地连在一起,罗盛教烈士舍己救人的高尚品质和崇高的国际主义精神在两国人民中广为传颂,成为大家学习的道德楷模。

罗盛教,湖南省新化县人,中国人民志愿军一级模范,伟大的国际主义战士。他于1932年出生,1949年参加人民解放军,1950年加入共青团。1951年当美国侵略朝鲜的战火烧到鸭绿江边,危及我国安全的时候,他参加人民志愿军,雄赳赳、气昂昂地跨过鸭绿江,抗美援朝,保家卫国。当他踏上朝鲜国土后,看到的是一幅悲惨的画面,美国飞机狂轰滥炸,朝鲜的城市、乡村大都是断壁残垣,一片废墟,朝鲜人民拖儿带女,在冰天雪地里四处流浪。他从内心深处痛恨侵略者,异常同情朝鲜人民的不幸遭遇。在战斗空隙,他总是积极主动地帮助朝鲜人民做点恢复家园、发展生产的好事,博得了朝鲜老乡的赞扬,军民关系融融洽洽。

1952年1月2日,罗盛教因公外出,行至朝鲜平安南道成川郡石田里的一条结了冰的河边时,忽然看见一个朝鲜少年掉进了河里的冰窟窿中。这个少年叫崔莹,他在封冻了的河里滑冰,滑到一处冰薄的地方,突然冰块破裂成一个窟窿,他一声惊叫,还没有来得及呼救,就沉入水中。罗盛教远远看见,立即飞步奔向少年落水的地方,一面奔跑,一面脱掉外衣,到冰窟窿处,他不顾一切地毅然跳进零下20多度冰冷的水中,一边游泳,一边手摸脚触,奋力寻找落水少年,一圈又一圈,一遍又一遍,他已筋疲力尽。忽然手指接触到了崔莹,他一把抓住,泅水游向冰窟窿,使尽全身的力气,把崔莹托出水面。崔莹得救了,罗盛教却再也无力爬上冰窟窿,光荣牺牲在朝鲜的土地上。许多受过罗盛教帮助的朝鲜老乡,听说他为了挽救朝鲜少年而牺牲,都泣不成声,纷纷赶到连队参加吊唁活动。

中国人民志愿军领导机关为罗盛教追记特等功,并授予"中国人民志愿军一级模范"称号。共青团中央追认他为"模范青年团员"。朝鲜民主主义人民共和国最高人民会议常任委员会追授他国家一级国旗勋章和一级战士荣誉勋章。

为了纪念这位伟大的国际主义战士,朝鲜平安南道政府把烈士殉难附近的一座山命名为"罗盛教山",在山上建筑了庄严的纪念碑和纪念亭。纪念碑上金日成亲笔题词:"罗盛教烈士伟大的国际主义精神与朝鲜人民共存!"有志愿军领导机关的挽词:"光辉的国际主义战士罗盛教烈士永垂不朽!"在庄严的纪念碑落成典礼上,朝鲜劳动党、政府、人民军、当地人民的代表和朝鲜少年崔莹都相继讲话。他们说:伟大的国际主义战士罗盛教烈士将永远活在朝鲜人民的心里,他的伟大的国际主义精神将永远鼓舞着朝鲜人民奋勇前进。志愿军领导机关的代表说:罗盛教烈士舍己救人的英雄行为体现了中国人民志愿军全体指战员将更密切地与朝鲜人民团结一致,更加奋勇地打击敌人。

这就是中朝人民对英雄的评估,这就是中朝人民的期望。

(施 惠)

舍身护厂的向秀丽

向秀丽在烈火迅速接近烈性爆炸物品的生死关头,毅然用自己的身体去阻挡烈火的蔓延,为保护国家财产和附近居民的生命献出了自己的青春,表现了共产党员舍己为人的高贵品质。

向秀丽,1932年出生在广东省广州市一个贫苦的市民家里。1950年1月广州解放,向秀丽开始了新的生活。她目睹新旧社会的巨大差别,

分外热爱中国共产党和社会主义祖国。1958年她到何济公制药厂当了一名工人,参加"甲基硫氧嘧啶"小组试制新产品。这是一个重要的岗位,不仅新产品都要经过他们试制,而且这个车间里存放了许多易燃易爆的化学试剂,需要可靠的人掌握。向秀丽在生产和各项社会活动中都能起到积极带头作用,凡是重活、累活、脏活,她总是抢着干,受到厂里党组织和职工们的一致赞扬,这一年她光荣地加入了中国共产党。

1958年12月13日,向秀丽正在工作,一个女工抱了一瓶酒精过来,玻璃瓶在落地时突然破裂,瓶中的酒精四处漫流。不远处有一火炉,流过去的酒精接触到明火,顿时腾起大火。她们二人一时找不到灭火工具,就把衣服脱下来扑火,但对四处漫溢的酒精和火焰,收效甚微。这时向秀丽看到酒精火焰正在向不远处堆放的金属钠桶流去,金属钠是一种易燃品,燃烧产生高温会引起爆炸;如果几桶金属钠发生爆炸,整个工厂及附近居民区都会造成很大的破坏,人员会有很大的伤亡。向秀丽懂得这方面知识,明白它的严重性。这时她身边没有任何物件可以阻挡流向金属钠桶的酒精火焰,情况万分紧急,厂毁人亡的惨祸瞬间就将发生;向秀丽不顾一切地冲上前去,躺在酒精火焰前面,用自己的身躯阻挡它接近金属钠;烈火烧去她的衣服,烧焦了她的手、脸、胸和整个身体,但它终于被阻挡住了。这时闻声赶到的人们,很快扑灭了大火。金属钠保住了,厂内外无数生命和国家财产保住了,向秀丽却被烧得昏死过去。当人们含泪把她送进医院抢救时,都被她这种舍己为人的高尚品德深深感动。中共广州市委领导亲临医院组织医护人员不惜一切代价全力抢救,可是这位可敬的女英雄终因烧伤严重,抢救无效,于1959年1月15日逝世,终年27岁。

向秀丽舍身护厂的光辉事迹在神州大地到处传颂,她奋不顾身、为人民利益赴汤蹈火的英雄形象永留人间。　　　(施　惠)

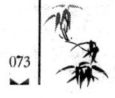

待人楷模

欧阳海为救列车献青春

在中国共产党的哺育下和革命传统的影响下,共和国英雄模范人物辈出。他们吃苦在前,享乐在后;热爱集体,无私奉献;严于律己,舍己为人。欧阳海就是其中的一位光辉典范。

欧阳海生于1940年,湖南桂阳人,1958年参加中国人民解放军。入伍后,他以党的历史上英模先烈为榜样,努力学习,刻苦锻炼,积极工作,乐于奉献,经常为连队和周围群众做好事,多次立功受奖。1959年他加入共产主义青年团,时隔一年又光荣地加入中国共产党,1962年任班长,从此他更加严格以共产党员的标准要求自己,争取在各方面起先锋模范作用。正因为这样,当人民利益与个人危难之间要求他抉择的时候,他毫不犹豫地选择了前者。

1963年11月18日,欧阳海所在部队在湖南衡阳县进行野营训练,他带着全班战士走在野营队伍的最后,连长招呼他兼有收容掉队战士的任务。走在这个班前面的是炮兵连,该连队有许多战马驮负着炮架。队伍行进在一个峡谷中,峡谷外就是横贯我国南北的京广铁路。这时,突然开过来一列北上的客车,它鸣着汽笛呼啸而至。炮兵连的一匹驮马,听到汽笛声骤然受惊,它驮着高大的

钢铁炮架,窜到铁路上,横站在铁轨中间,竖耳瞠目,盯着逼近的这列火车,不知所措,死活不动。列车高速飞驶而来,距离越来越近,马仍然丝毫不动,只需几秒钟,一场列车脱轨、人员伤亡的惨剧就要发生。上去,会粉身碎骨,不上,会车毁人亡。在这千钧一发之际,欧阳海不顾一切地奋勇冲上前去,抢上铁路中心,他使出最大的力气,把这匹发呆的驮有钢铁炮架的马推离了铁轨,火车从他的身后飞驶而过,欧阳海被列车撞倒,身负重伤。

火车司机急忙刹车,列车在不远的前方缓缓停下;战友们和火车上的司机、旅客一齐拥向欧阳海的身边。副班长哭喊着欧阳海的名字。欧阳海慢慢地睁开了眼睛,嘴角露出了一丝微笑,无力地把头一歪,合上了眼。

由于欧阳海的英勇行为,一场车毁人亡的惨祸避免了,国家财产和许多旅客的生命保住了,欧阳海却献出了自己宝贵的年轻生命。

欧阳海壮烈牺牲后,部队追认他为"爱民模范"。1964年11月,国防部命名他生前所在的班为"欧阳海班"。欧阳海的事迹在全国广泛传颂,学习欧阳海的热潮在全国兴起,以他的事迹为原型的小说《欧阳海之歌》出版发行,并成为畅销书之一。欧阳海舍己为人的高尚品德将永留人间。

(施 惠)

高建成:新时期最可爱的人

✶✶✶✶✶✶

　　1998年我国许多地区遭受了严重的洪涝灾害,在抗洪斗争中涌现出许多英模人物,空军某高炮团连指导员高建成就是其中杰

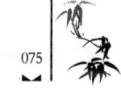

出的一位。中共中央军委主席江泽民1998年8月13日在荆江大堤向抗洪军民讲话中,深情地赞扬高建成在危难时刻和生死关头,把生的希望让给他人,把死的危险留给自己的高尚精神和可贵品格,称赞高建成和他的战友是真正的英雄,是新的历史时期最可爱的人。

1998年8月1日晚8点,天空一片漆黑,狂风呼啸,恶浪滚滚,已经浸泡多日的长江大堤及其内堤危机四伏。这时,紧靠长江大堤内侧的湖北嘉鱼簰洲湾堤垸发生险情,中堡村人民群众的生命财产危在旦夕。上级命令高建成所在连火速前往抢救。3分钟后,高建成和连长黄顺华迅速集结68名官兵,分乘5辆卡车向险堤急驶而去。车行十几分钟后,道路上接连出现奔跑的群众,都说前面非常危险。是进,还是退?前进,洪水无情,什么险恶情况都可能发生。但是,"人在堤在,誓与大堤共存亡"的誓言使高建成和他的战友一致选择了前进,抢险,救人!

洪水很快漫上了道路,汽车依着道旁的树木作标志,朝中堡村险段驶去,离险堤100多米时,堤垸突然决口,顷刻间滚滚巨浪排山倒海般向人和车压来。这时高建成高声对大家说:不要慌张,有我和连长在,有党员、干部在,即使我们牺牲也要保护大家安全。他和连长迅速指挥大家做好自救、互救的准备工作,把15件救生衣、15个救生圈分发给不会游泳的战士和周围群众,快速打开车窗爬上车顶。

洪水在凶猛地上涨,浊浪滔天,人随汽车左右摇晃,很快洪水就漫过了车顶,高建成和连长把背包带拴在树上,将一个又一个战士和灾民转移到树上。

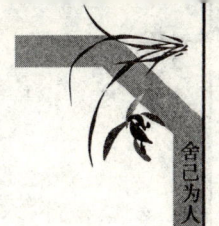

这时一排浊浪袭来,高建成和其他几名战友被抛向滔滔洪水之中,高建成昏昏沉沉地漂了50多米,喝了几口水。他这几天正连日发高烧,在输液治疗,听说抢险,拔了针头就跟部队来了;病情和劳累使他疲倦不堪。附近有一棵树,他伸手就能抓住树干上树休息。但他没有这样做,而是在湍急的洪水中一边游一边大声喊:"水中有人吗?"突然身边响起微弱的呻吟声:"我是刘楠。"高建成游到他的身边,抓住他的一只胳膊,向树丛游去,此时刘楠已无力爬到树上,高建成奋力用肩膀把刘楠顶到树上。刘楠哭喊:指导员你也上来吧。高建成摆摆手,转身又游去。

这时听到附近有人呼救。他寻声游去,抓住正在下沉的战士何董华的手,拖着他一起游。水中高压线杆一根根地倒下,变压器在水中爆炸,击起耀眼的火花,高建成拖着小何不顾一切地游着。一米、二米……终于游到一棵树旁,虚弱的小何被高建成猛地一推,抓住树枝得救了,高建成却被迎面扑来的一排巨浪冲卷而去。

8月2日早晨,脱险的官兵终于在距离大堤决口3公里处见到了已经牺牲了的指导员。官兵们个个泣不成声,他们在呼唤"指导员……指导员",高建成已经不能答应,无怨无悔地长眠。

高建成1984年参军,起初当飞行员,后因身体原因,转作地勤,先后在连队任副指导员、指导员;他每到一地,那里就显现勃勃生机;他严于律己,宽以待人,以真挚的爱温暖着战友的心。连长黄顺华至今还保留着高建成留给他的三件东西。一是加宽的床。那是当年夏天黄的妻子带着孩子来连队探亲,床挤,高建成悄悄给加宽的;二是一张凉席,是天气热的时候,高建成外出办事给捎回来的;三是一个坐垫,是高建成让岳母给做的。这三件体现珍贵友谊的物品,反映了高建成对同志如同春风一般温暖;这样的好同志辞世,怎不让战友们悲痛欲绝呢!

今天，滚滚江水向东流去，经加固的巍巍大堤岿然矗立。由中央军委授予"抗洪英雄"荣誉称号的高建成的名字，将永远镌刻在全军将士和全国人民心中，激励着抗洪军民用生命和热血筑起经得起任何狂涛恶浪冲击的钢铁长堤。

（施 惠）

沈浩：小岗村人们心中的丰碑

在凤阳县犁园乡小岗村，曾经有两次村民用按红手印的方式来表述自己的诉求。一次是在1978年12月，全村村民冒着很大的风险，在一份协议上按下红手印：决心实行包产到户，有难同当，由此拉开了农村体制改革的序幕。另一次在2006年底，省下放干部沈浩在村挂职3年届满，全体村民强烈要求他留下来带领他们再干3年。按有98个红手印的挽留信送到了省委组织部、省财政厅。

沈浩，1964年出生于安徽萧县，毕业于安徽省铜陵学院。1986年7月加入中国共产党，同年分配到省财政厅参加工作。2004年2月，作为优秀年轻党员干部，他响应省委号召，作为全省选派到农村挂职的干部来到凤阳县小岗村，担任小溪河镇党委副书记兼小岗村党委第一书记、村委会主任等职务。在小岗村任职近6年来，

沈浩始终以共产党员的光荣称号要求自己,勤勤恳恳,务实创新,为村民办实事,求实效。他倡导科学种田,带领村民发展种植、养殖业和高效农业。他依托已建成的80亩葡萄示范园,培育壮大葡萄特色产业,使全村优质葡萄发展到600多亩,亩均纯收入3 000多元,人均增收2 000元,葡萄已成为小岗村村民增收的主要来源。他在安徽科技学院的支持下,发展双孢菇生产,取得良好的效益。他采取村民以土地持股的方式成立合作社,把土地集中起来,整合资源搞适度规模经营,有力地提高了单位面积产量,增加了经济效益。他还在小岗村发展"农家乐"生态旅游业,建立了"大包干纪念馆",每年接待各地游客万余人次。他努力争取外来资金,运用集体积累,为村民建筑住房,修复自来水,兴建广播电视设施和卫生服务中心。沈浩在任期间,小岗村3个居民小区200多户村民入住新居,小岗村的公路和快速通道也已建成通车。

由于沈浩身先士卒带领小岗村村民苦干实干,全村面貌有了很大的变化。2005年小岗村跻身"全国十大名村",2007年小岗村被授予"安徽省乡村旅游示范点"称号,一个美丽、和谐、富裕、文明的社会主义新小岗,展现在江淮大地,重新向世人展示了这个农村改革第一村的魅力。

沈浩在小岗村期间,一直租住在村民家中,与村民同吃同住。他工作非常辛苦,"眼睛一睁,忙到熄灯",大年三十还泡在村里。他应村民们恳切要求留下再干3年,续任期间,废寝忘食地为小岗村的建设耗尽了心血。由于操劳过度,2009年11月6日凌晨,沈浩在村内临时租住的房子中骤然去世,年仅46岁。胡锦涛总书记在批示中对沈浩的去世表示沉痛悼念,对沈浩的亲属和小岗村村民表示亲切慰问。11月8日,时任安徽省委书记王金山、省长王三运等前往看望沈浩同志的亲属。沈浩去世后,应小岗村村民强烈请求,经征得其亲属的同意,将沈浩同志骨灰安葬在小岗村公墓。

在安葬时众多挽联中,有一幅这样写道:"人民公仆,为农村、为农业、为农民、为小岗,鞠躬尽瘁,死而后已; 时代先锋,献人生,献才智、献财力、献生命,优秀村官,千秋永在。"沈浩先后荣获全国农村基层干部"十大新闻人物"特别奖、安徽省第二批选派干部标兵、"全国百名优秀村官"等荣誉称号,2009年荣获"感动中国人物"。2011年9月20日,在第三届全国道德模范评选中荣获全国敬业奉献模范称号。人们这样评价他:你是一粒种子,深深地埋进这片多情的土地;你是一面旗帜,高高地飘扬在这希望的田野。你把人民捧在心里,人民就把你举过头顶!站起来,你是一尊雕塑,倒下去,你是一座丰碑!

(施 惠)

倒在支教讲坛上的孟二冬

孟二冬是一位普通的人民教师,他以献身教育事业的高尚品德,谱写出感人至深的华美乐章。1957年,孟二冬出生于安徽省蚌埠市。他认真执著、心无旁骛的治学态度,从小就显露出来。在泗县中学读书期间,孟二冬的勤奋好学和淳朴厚道的品格,给老师和同学们留下深刻的印象。他学习成绩突出,品学兼优,对同学友善亲和,谦逊质朴。

1978年,21岁的孟二冬顺利通过高考,成为宿州师范专科学校中文系的一名学生;他如饥似渴地学习,1980年以优异的成绩完成了专科学业后被择优留校,成为中文系的一名教师。系里先后安排他到安徽师范大学、北京大学进修两年。此后,他求学的脚步从未停歇,10多年中,三进北大,成功地攻读并获得硕士学位和博

士学位。

1994年,博士毕业后的孟二冬留在北大中文系任教。此后的十几年中,他不断改进和提升授课的水平和风格:备课缜密周详,课前静坐沉思,课后反思得失,总结经验教训。他授课从不局限于教材上的内容,而是查阅大量古籍图书,搜集大量的考证资料。对每个问题的来龙去脉和每个论点的立论都能言之成理,持之有据。因此,他讲课能驾轻就熟,深入浅出,有很强的思想性、知识性和生动性,深受同学们的欢迎和尊敬。他每次上课都要早一点到,下课后也会晚一点走,希望与学生有更多交流的机会。他从不对学生发脾气,课上课下,学生们看到的孟老师,是一位博学而又谦逊,儒雅而又诙谐,敬业而又热爱生活的先生和朋友。

孟二冬勤奋治学,刻苦钻研,先后出版了多部学术性很强的著作,主要有:《中唐诗歌之开拓与新变》、《陶渊明集译注》、《韩孟派诗传》、《中国诗学通论》,特别是用了7年多时间呕心沥血著成100多万字的《〈登科记考〉补正》,获国家图书奖。

2004年3月,孟二冬受北大委派,到新疆石河子大学支教。他的学识、品格、风范,深受石河子大学师生们的敬佩。为了多给学生们讲课,他主动要求增加课时,达到了正常工作量的3倍。除了给学生上课,还为中文系教师们开设了"唐代科考"的选修课。由于过度劳累,孟二冬出现严重的嗓子喑哑的症状,医生作出"禁声"的医嘱;但强烈的责任感和事业心驱使他忍着病痛继续给学生上课,直到倒在讲台上。经医院诊断,他患了食管恶性肿瘤。

回到北京治疗期间,他仍以顽强的毅力坦然面对病痛折磨,坚持课题研究和指导研究生的工作。在与病魔作斗争的一年多时间里,孟二冬做了三次大手术。但是积极乐观的他还考取了驾照,并一直坚持练习书法,其中有一幅写的是"尺璧非宝,寸阴是金"。2006年4月22日,孟二冬因病医治无效在北京逝世,年仅49岁。他被授予全国五一劳动奖章,荣获"全国模范教师"称号,被追授为全国优秀共产党员。

孟二冬教书育人,用心血做学问,用生命写文章的精神感动了北大,也感动了社会。党和国家领导人多次关心孟二冬,胡锦涛总书记称赞他"为人师表,品德高尚";孟二冬去世后,胡总书记专门送了花圈。2006年6月9日,在给孟二冬女儿孟菲的回信中,胡锦涛总书记写道:孟二冬是一位平凡的学者,但他以勤勉踏实的治学精神攀登学术高峰,做出了不平凡的业绩。他是一个普通的教师,但他为人师表的高尚品德却深深打动了每一个人,给人以心灵的震撼。他把自己有限的生命全部用来报效祖国和人民。在他身上,不仅体现了学识的魅力,而且体现了人格的魅力。他不愧是教书育人的杰出楷模,不愧是当代中国知识分子的优秀代表。他的崇高精神和高尚品德值得各行各业的人们认真学习。

2009年5月6日,电影《孟二冬》首映式在北京大学举行,影片展现了孟二冬教授平凡而伟大的一生,给人们以生动的思想道德教育。

(施 惠)

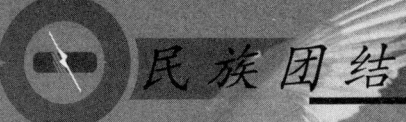

一 民族团结

思想道德是以和谐社会为目标,正确处理人与人、人与社会、人与自然关系的行为规范和准则;民族团结是这种关系的扩展和综合,是更为重要的道德规范,也是我国源远流长的一项优良传统。

我国是一个有五千年历史的文明古国,是一个由56个民族紧密联系的统一体。之所以能够延续数千年之久,有着地理、历史、人文多方面因素,其中一个重要原因是汉族和少数民族的代表人物积极追求民族团结和融合,做出许多载诸史册的重要贡献。

唐太宗是汉族尊重、团结少数民族的杰出代表。他领导的"贞观之治"对少数民族的态度是平等相待、和睦共处。他对承认唐朝中央政府的周边各部族的首领,都任以官职,仍然对本族进行统治,并实行原来的风俗习惯。他推行并重新解释"和亲"政策,他认为不同民族之间的通婚,有利于民族的团结和融合,有利于边疆的稳定与繁荣。在他的民族政策指引下,各族通商、通婚,友好使者不绝于途,为唐朝的强盛提供了良好的社会环境。

在少数民族中,也涌现了许多推动民族团结的代表人物,吐蕃族的松赞干布就是最杰出的一个。他虽然威震群羌,雄霸西藏,但深知唐朝是一个地域辽阔、实力雄厚的大国,内心极为钦佩,决心以子婿身份向唐朝请求"和亲",先后四次方获太宗批准。他和文成公主成婚之日,逻些(今拉萨)成为欢乐的海洋。文成公主带去的唐文化,有力促进了吐蕃族经济社会的发展。太宗去世后,高宗授他为驸马都尉、西海郡王,他欣然接受,上书表明要尽到臣属的责任。唐以后历朝历代吐蕃(后称西藏)都臣服中央政府。北魏孝文帝,鲜卑族人,他即位后,大刀阔斧地进行汉化改革,迁都洛阳,革除胡语胡服,力主胡汉通婚,官制、礼乐和法律均采汉制,他作为一个有远见的政治家和改革家将永载史册。

在汉族和少数民族中进行联络、沟通的使者,是推动民族团结的桥梁和纽带。西汉张骞,出使西域前后19年,行程数万里;经过艰苦卓绝的努力,使天山南北各部相继归汉,始自长安,直至中亚、西亚的"丝绸之路"由此开辟。西汉重臣赵充国,力主和羌,成为汉羌的和平使者;王昭君、文姬是民族团结的象征;唐代高僧鉴真和日本遣唐使晁衡则是唐朝中日友好的使者。

历史进入近现代,胸怀全局、高瞻远瞩、推动民族团结的有识之士不断涌现。台湾首任巡抚刘铭传,在克服种种艰难险阻,取得抗法战争胜利之后,在台湾筑铁路、通邮政、兴工商、办学堂,进行大规模近代化建设。一位德国记者写道:"他努力把近代工艺的恩泽移植于这一东方的孤岛之上。"人们称刘铭传为"台湾近代化之父。"在红军长征途中,经过凉山彝族聚居地区时,刘伯承与其首领小叶丹歃血为盟,结为兄弟,使红军胜利通过。著名爱国将领张治中、卫立煌坚持国共合作,为两党合作、民族团结作出了重要贡献。爱国人士于右任被劫持到台湾后,人在台湾,心系大陆,作出了《国殇》著名诗篇,慷慨悲歌,催人泪下。西藏著名爱国人士格达活佛为祖国统一而光荣献身。当前民族团结呼声日益高涨,两岸和平统一的洪流滚滚向前,我国各族同胞定会奏出响彻云霄的民族团结的新乐章。

"丝绸之路"的拓荒者张骞

张骞是我国最早沟通西域国家、部族的使者。经过他艰苦卓绝的努力，使天山南北的西域各国先后归属汉朝，并成为始自长安，直至中亚、西亚的"丝绸之路"的滥觞。

张骞沟通西域，最初的动因是出使大月氏国，动员该国与西汉共同夹击匈奴。西汉时期，匈奴经常大规模侵犯边疆，成为汉朝外部最大的威胁。汉武帝即位后，矢志击溃匈奴，稳定边疆。他得悉匈奴西部原来有个实力较强的大月氏国，被匈奴击溃逐走，月氏王被杀，他的头颅骨被匈奴单于拿来当酒器，双方仇恨很深。汉武帝就想派出使者，相约大月氏与汉朝夹击匈奴。但是，这个任务极为艰巨：由此西行，不仅人烟稀少，野兽出没，茫茫大漠，缺水缺草，而且必须通过匈奴的领地，风险很大。汉武帝采取公开招募的方式来募集使者。消息传出，不少人前来报名，其中就有汉武帝的随身警卫"郎官"张骞；他平时就表现意志坚定，胆识过人。汉武帝非常满意，正式任命他为通西域的使者，并从应征的人中挑选一百多人作为他的随从。

公元前138年，张骞从汉武帝手中接过代表汉朝威仪和使节

身份的旌节,带着随从,踏上西行的茫茫征途。他们离开长安,取道陇西(今甘肃南部),渡过黄河,进入祁连山区;这一带是匈奴经常出没之地,他们小心翼翼地日伏夜行;但仍然被匈奴骑兵俘虏。当他们被押送到单于面前时,张骞不失大国使者的气度,坦陈自己是大汉使臣,出使大月氏国,要求放行;单于听了很生气,下令把他们分给贵族当奴隶;从此他们整天放牛放羊,日复一日,年复一年,在匈奴待了11年。张骞虽也娶妻生子,但时刻未忘自己的使命;一天,他找到随他前来的亲信甘父,共同策划了出逃的计划。在一个月黑风高的夜晚,原来的一行人,加上张骞的妻儿,跃上马背,向西疾行,奔走了几十天,越过葱岭,到达大宛。大宛国王非常欢迎张骞的到来,派卫兵护送他们到达大月氏。但这时大月氏占据了土地肥沃的妫河流域,他们不想再回去同匈奴征战。张骞在那里住了一年多,虽然未能说服月氏人东征,但却使大月氏君民了解汉朝先进的生产方式和发达的科学文化,使他们对汉朝十分向往。在张骞一行回归的途中,不幸又被匈奴骑兵逮住,囚禁了一年多。一天夜里,张骞和甘父带着妻儿骑马逃出囚禁地,向长安飞奔。一路上多亏甘父射猎飞禽走兽,才不致饿死。公元前126年,张骞终于回到长安,他们去时有一百多人,回来时只剩他和甘父及他的妻儿。汉武帝听了他的汇报,非常满意,任命他为太中大夫,甘父为奉使君。

  公元前119年,张骞向汉武帝请命,再次出使西域。武帝任命他为中郎将,率领副使十余人,携带黄金、丝绸等贵重礼品出使西域各国。他们先到天山以北的乌孙,然后张骞分别把副使派往大宛、康居、大夏、安息、身毒、于阗等国。乌孙虽然不愿与匈奴开战,但却极愿与汉朝友好往来,派出使者,携带贵重礼物,随张骞一同回到长安。他们看到汉朝的强盛,回去向乌孙王汇报,乌孙进一步向汉朝靠拢,达成和亲。随后,张骞派往各国的副使也先后带着各国的使者来到长安,汉朝和西域各国的交往日益频繁,商业活动也

日渐增多;随着匈奴被逐至漠北,长安通往西域的道路畅通。史书记载:各地使者和商帮"不绝于途","沿途相望","一辈(拨)大者数百人,少者百余人"。

张骞出使西域,前后达19年之久,行程数万里,历尽艰辛,终于导致天山南北各部相继归汉,贯穿东西的"丝绸之路"也由此开辟;他在发展多民族国家和促进中西文化交流方面作出了巨大的贡献。

(施 惠)

昭君出塞和汉匈通好

王昭君是我国古代著名的四大美人之一。她主动响应汉元帝的号召,出塞嫁给匈奴单于呼韩邪,对于进一步维系汉匈通好,促进民族的团结和融合,作出了重要贡献。

西汉初年,由于无力抗击匈奴的入侵,一直推行对匈奴的"和亲"政策,即将公主(或是王室的女儿,或是宫女,均冠以公主的名义)嫁给匈奴的单于(国王),并赠送很多的金银珍宝和贵重物品作为陪嫁,以此来维系双方的和谐。汉武帝时,击溃了匈奴主力,加之他们内部的权力争斗,分裂为南匈奴和北匈奴。后来南匈奴归顺汉朝,北匈奴西迁,边境匈奴的威胁基本解除。这以后的"和亲",就改变了原来的性质,而成为正常的民族通婚和促进民族融合;王昭君的

"和亲"就属于这种性质。

公元前51年（甘露三年），南匈奴归顺汉朝，单于呼韩邪到长安朝见汉宣帝，宣帝以很高的规格和礼遇来接待他。宣帝亲自到城外的渭桥旁边去欢迎他，为他举行了隆重的国宴，给了他极丰厚的礼物。呼韩邪回去时，宣帝派1.6万骑兵护送，并随车运去粮食3.4万斛，供匈奴民众食用；这些礼遇均是前所未有。

北匈奴单于郅支见汉宣帝对呼韩邪的礼遇，也遣使向汉朝进贡，表示了友好的意向。宣帝也表示欢迎，并回赠了许多贵重物品。呼韩邪为了巩固与汉朝的友好关系，以晚辈的身份向汉室求婚。这时汉宣帝已去世，汉元帝即位；他高兴地答应了呼韩邪的要求；在后宫征求志愿者，王昭君随即响应报名。

王昭君，名王嫱，是来自南郡秭归（今湖北兴山县）的一名宫女。她天资聪颖，心灵手巧，容貌端庄秀丽，楚楚动人，有沉鱼落雁、羞花闭月之貌。元帝见后大喜，连忙为之准备嫁妆，并找一匈奴女子，为昭君介绍匈奴的风俗习惯，教她匈奴语言，演奏西域地方的乐器。结婚的日子到来，新郎亲到长安迎娶新娘，当他见到昭君仪态万方、婉丽端庄的容貌时，真是一瞥惊鸿，惊讶不已；当时就给昭君加了"宁胡瘀氏"的称号，"瘀氏"，匈奴单于的妻子，相当汉族的皇后。公元前33年，汉元帝设宴为他们饯行，驮载嫁妆的车马，绵延数里，文武百官一直把他们送到十里长亭。昭君回首望着就要永别的故土，不禁热泪夺眶而出；但她内心没有悲痛，她知道她的出塞将给家乡带来和平和安宁。昭君在途中经常弹奏一首曲子，后人称为《昭君怨》，人们又把它改称《明妃曲》（晋时为避司马昭讳，改称昭君为明妃）。

昭君随同呼韩邪来到塞外后，很快适应了当地的水土与习俗，夫妻十分恩爱。昭君努力向匈奴人介绍中原文化，帮他们学会了从汉朝引进的农业生产工具和技术，使农业生产有了很快的发展，

基本上做到粮食自给自足,不再要汉朝政府的救济粮了。由于农业的发展,牲畜的饲料也有了保障,畜牧业更发达了。呼韩邪又把北匈奴西迁后荒芜的土地开发出来,南匈奴出现了人畜两旺的繁荣景象。自昭君出塞后,匈奴和汉朝和睦相处,六十多年没有战争,北方边境空前安定,这种安宁的景象,一直持续到西汉结束。

王昭君在年老的时候,立下遗嘱:她死后葬在归化(今内蒙古自治区呼和浩特市),坟墓要坐北朝南,以遥望自己的家乡。她去世后,她的子女在归化选择了一块向阳的水草丰茂的山坡作墓地。每当秋冬,塞外草衰,一片枯黄,唯有昭君墓上的青草,依然郁郁葱葱,因此人们称昭君墓为"青冢"。墓前有董必武《谒昭君墓》诗碑:"昭君自有千秋在,胡汉和亲见识高。词客各抒胸臆懑,舞文弄墨总徒劳。"

(施 惠)

力主民族和解的赵充国

赵充国,字翁孙,陇西上邽(今甘肃天水)人,始为骑兵,因善骑射补羽林军,为人沉静勇敢,有谋略,年轻时因爱慕将帅的气度而学兵法,并通晓周边少数民族事。

汉武帝时,任假司马(代理司马),从贰师将军李广利进击匈奴,被匈奴困;汉军断粮,死伤很多,军心动摇。在这生死存亡之际,赵充国振臂大呼:"我军被困,不战即死。大丈夫立功报国,就

在此时，我为先锋，愿意杀敌报国的跟我来！"有100多名壮士跟上，一鼓作气，击溃匈奴包围，率军随之而出，得以脱困；赵充国与敌奋力拼杀，负伤20多处。因李广利上奏，汉武帝亲视赵充国所负创伤，深为感慨地说："真将军也！"遂提拔为中郎，后升车骑将军长吏（军中幕僚之长）。汉昭帝时，因与匈奴作战有功，先后擢升为水衡都尉、后将军，成为镇守边防的封疆大吏。

汉宣帝时，赵充国封营平侯。元康三年（公元前63年），羌族与汉人为争湟水而起战端；汉宣帝派义渠安国率兵镇压，长期对峙不决。元康四年，当时赵充国已70多岁。汉宣帝认为赵充国已老，派御史大夫丙吉问他谁可为将，赵充国认为没有比自己更合适的人选了，不顾年事已高，主动请战；汉宣帝非常高兴，即拜赵充国为平羌元帅。

羌族以游牧为主，在我国西部、西北部一带活动。西汉时期，由于匈奴强大，羌族首领依附于匈奴。汉武帝时，汉军占领河西走廊，切断羌族与匈奴的联系。由于歧视政策，羌族与西汉的关系一直比较紧张，双方不时发生战争。赵充国认为动不动大军征讨，劳民伤财，不是最佳良策，他主张把军事征讨与政治上的安抚结合起来，恩威并施，达到民族和解、边境安宁的目的。

元康四年春，赵充国统领部队向西北进发。兵到金城（今甘肃兰州）之后，他下令停止对羌人屠杀，并释放俘虏，告诉他们这次汉军是讨伐制造叛乱的羌人，只杀有罪的人，大家不要跟着他们造反，以免自取灭亡。赵充国颁布了一整套允许羌人犯罪者主动赎罪的政策，对先零、罕等部族区别对待，以分化羌人，并持重不战。此时，汉宣帝又征召60 000人马，准备大举西征，督促赵充国早日出战。赵充国认为这样兴师动众不利，上陈了不大动干戈的理由；汉宣帝未予采纳，严词责备，令他率军征伐；赵充国为了国家利益，不惜冒犯天颜，再次上书充分阐述破羌策略，终被汉宣帝采纳。

赵充国的以逸待劳、分化瓦解的战术获得成功,汉军不费一兵一卒招降了䍐等部族羌人,接着大破先零羌,取得重大胜利。汉宣帝又命赵充国率军消灭先零羌余部;病中的赵充国又冒死违抗上命,写了著名的《屯田奏》,提出不出兵和"屯田便宜十二事"。汉宣帝深为其屯田求是精神所感动,批准了赵充国留兵屯田计划,并在诏书上写道:"望将军'慎于用兵,多加保重!'"之后,汉宣帝还多次下书,详细询问有关屯田事宜,赵充国都一一解答。

赵充国留兵屯田,严明军纪,不许放火烧羌人的村落和草场,不准在田地里割草放牧,还主动帮助羌族发展生产。这一促使民族和解的政策获得极大成功,深受羌人拥护。尽管在屯田的同时,汉宣帝又派辛武贤、许延寿和赵印率兵出击,但是大部分先零羌人还是投降了赵充国,叛乱终于平息,西北边陲平静了许多年,农牧业生产也有了明显的发展。

赵充国86岁寿终。为了追念他的屯田戍边战功,汉宣帝特命把他的画像挂在未央宫中的麒麟阁上,位居第三。汉成帝又命文学家扬雄为赵充国像写了一篇颂词,称其:"在汉中兴,充国作武,赳赳桓桓,亦绍厥后。"歌颂赵充国在西汉中兴中的文治武功。

(欧阳发)

推进民族融合的孝文帝

中华民族是古代各大文明发源地中唯一未曾中断其文化传统的古老民族。这固然是由于源远流长、博大精深的汉文化所产生的巨大凝聚力、融和力;同时也要归功于汉族和各少数民族杰出的政治家推进民族融合的努力。魏孝文帝就是在这方面做出重大贡献的少数民族杰出代表。

孝文帝是鲜卑族人，原名拓跋宏，后改汉名为元宏。鲜卑族最初活动于大兴安岭北端，过着游牧生活。西晋末年，战乱频发，出现五胡十六国。公元439年由鲜卑族拓跋部建立的北魏，统一了中国的北方和中原大地，

它是我国第一个入主中原的少数民族。这时鲜卑族的经济、文化远远落后于中原地区，它要想立足于中原大地，就必须迅速接受和吸取汉族的先进政治、经济和文化，摒弃本民族落后的生产方式、管理体制和陈规陋习。

公元471年，拓跋宏受父禅位，为孝文帝。他在母亲冯太后（汉族人）的支持下，进行了一些改革，如推行中原已经实行的均田制和新租调法；官吏实行俸禄制，同时严惩贪污，对促进生产力发展、扼制官吏腐败起了积极作用。冯太后去世后，他继续大刀阔斧地进行了一系列汉化改革。

首先是把北魏都城从地处塞上、气候寒冷、农业落后的平城（今山西大同东北），迁到农业、交通发达的洛阳；这不仅可以得到充足的粮饷供应，而且有利于从多方面吸取中原文化，加速汉化改革。迁都遇到鲜卑一些贵族的阻挠和反对，孝文帝毫不动摇地把都城迁到他所说的"崤函帝宅，河洛王里"的洛阳。

接着他下令坚决改革胡语胡服。北魏初定中原时，把落后的鲜卑语定为官方语言，同先进的汉语相形见绌；官民语言不通，已经成为妨碍北魏统治的一个重要因素。在迁都洛阳后，孝文帝下令以汉语为北魏统一使用的语言，禁用鲜卑语；在服饰上，鲜卑人原是披发左衽，孝文帝下令改革服饰，基本上同汉服相仿。

孝文帝力主并大力推行胡汉通婚。他认为这样可以通过血统上的融合,促进鲜卑人汉化,并可以把两族统治阶级的利益和命运联系在一起,有利于北魏的统治。他带头迎娶了多位汉族大姓的女子为嫔妃和夫人,又为6个弟弟娶了汉族大姓之女为妻。在他们的影响下,胡汉通婚形成风气。

改革官制、礼乐和法律,孝文帝也不遗余力。通过改革,北魏的职官机构和官员名称均采汉制,祭礼、丧礼、冠礼也都从汉礼;废除了鲜卑原设的酷刑,参照汉律制定刑法。

孝文帝进行的汉化改革,遭到鲜卑保守势力强烈的反对和阻挠。一次,太子趁孝文帝出巡,伙同一班人密谋举兵反叛,北还平城;孝文帝发觉后,大义灭亲,将太子废为庶人,不久又将他毒死。后来又有鲜卑贵族举兵反叛,孝文帝坚决镇压,从而保障了改革的顺利进行。

孝文帝锐意进行汉化改革,固然是志在巩固北魏政权,从客观效果看,他坚决进行的一系列汉化改革,显著加快了北方少数民族的进步,促进了民族融合,对我国多民族国家的形成和发展,起到了积极的促进作用。所以,汉文帝作为一个有远见的政治家和促进民族融合的改革家,他的业绩将永载史册,受到人们的尊敬。

(施惠、段金萍)

唐太宗力倡民族团结

★★★★★★★

唐代初年,唐太宗李世民"贞观之治"时期,是我国中古时期封建社会最为繁荣富强的年代。那时经济发展,政治清明,社会安定,域内外和睦相处,呈现一派勃勃生机。当时首都长安,拥有100

多万人口,为世界第一大都市。繁华的商业区货栈、店铺鳞次栉比,长安洛河桥畔常集舟船万艘。唐初贞观至天宝的138年间,全国户口由220万户增至961万户,增长3.3倍,社会繁荣稳定。

李世民奉行境内外和谐友好政策,为经济社会发展创造了良好的周边和外部环境。他对少数民族的基本态度是平等相待,和睦相处,采取以羁縻为主的政策;凡是承认唐朝中央政府的各部酋长,都任命为都督、刺史,仍实行原来的风俗习惯,继续对本族进行统治。只对个别屡犯边境、残害边民的部族用兵,获胜后仍对其宽容、善待。对待突厥就是一个典型事例。

突厥是北方的一个实力很强的民族,屡犯边疆,唐初一次入侵掳去汉民男女8万余口。唐高祖李渊一度想迁都襄樊,以避其锋。唐太宗李世民即位后,突厥颉利可汗率军十万,直逼长安外围,迫使太宗缔结城下之盟,赠送大量财物,颉利方撤军塞外。至此,李世民卧薪尝胆,积蓄力量,于贞观三年趁其发生内讧、势力削弱之机,倾全国军力将突厥彻底击溃,颉利可汗和大批贵族被俘。胜利击败突厥后,李世民决定采取宽容政策,下令将归降的10万突厥民众安置在富裕的河套地区,让他们继续从事游牧生活,沿习原有的风俗习惯,并任命突厥的首领为都督,统辖突厥民众。将颉利可汗及其亲属安置在太仆寺,厚加款待;授予突厥一百多贵族为唐朝五品以上武官职衔。对于以前被突厥俘去的汉民已沦为奴婢的,李世民不是强令其送回,而是以金帛赎回。对突厥的妥善处置,大大加强了各民族对唐王朝的依附与和睦相处。在此后的许多年里,

周边各族频繁内迁、降附或通使的人群不绝于途。吐谷浑（居住青海的鲜卑族）、吐蕃（西藏人）、回纥（维吾尔人）和汉族的关系更加密切。贞观四年"四夷君长诣阙请太宗为天可汗"，诸酋长自称"唐民"。各地酋长每年均要到长安觐见，朝廷均热情款待，厚加赏赐。

李世民还对过去屈辱性的"和亲"观念重新加以解释，从积极意义上理解不同民族的通婚有利于民族之间的团结和融合，有利于边疆地区的繁荣与稳定。贞观时期，汉族与少数民族联姻的有：文成公主与吐蕃松赞干布的联姻，原突厥处罗可汗的儿子与衡阳公主的联姻，突厥族执矢思力与九江公主的联姻，突厥族阿史那忠与定襄公主的联姻，都有力地加强了各民族之间的团结和合作。

李世民对他采用成功的民族政策曾不无自豪地说："自古皆贵中华，贱夷狄，朕独爱之如一，故其种落皆依朕如父母。""汉武帝穷兵三十余年，疲敝中国，所获无几，岂如今日绥之以德，使穷发之地尽为编户乎！"

李世民对周边国家实行睦邻友好政策，也取得良好的效果。日本在盛唐时期曾先后13次派来规模很大的遣唐使，最多一次达651人。边境贸易有了很大发展，丝绸之路更加畅通，大量丝绸、瓷器源源不断地经西域运往境外。唐代诗人张籍在《凉州词》中写道："无数铃声遥过碛，应驮白练到安西"，境内外和谐气氛为盛唐的繁荣昌盛提供了重要的社会条件。

（施　惠）

推动汉藏民族团结的松赞干布

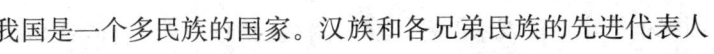

我国是一个多民族的国家。汉族和各兄弟民族的先进代表人

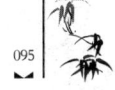

物,曾经在历史上对中华民族的形成和发展做出过重要贡献。松赞干布就是其中的一位杰出代表。

在我国西南青藏高原上,历来居住着吐蕃族居民。吐蕃是羌人的后裔,现在藏族的祖先。他们一直生息繁衍在雅鲁藏布江流域。那时青藏高原上小邦林立,堡寨遍布,各邦之间互相争战不已。松赞干布的父亲论赞索用武力兼并了许多部落,成为青藏高原各部的共主;但其统治基础并不牢固,公元629年论赞索被人毒死,局势发生逆转。这时松赞干布虽然只有13岁,但他自幼聪明过人,在追随其父南征北战中也得到文韬武略的历练。因此事发之后,他并不惊慌,在忠于他父亲的大臣拥戴下,幼年即位。首先查清了进毒阴谋的为首分子,处以极刑,稳定了内部,然后用了几年时间训练出一支精锐的部队,兼并统一了青藏高原的各个部落,建成了一个强盛的吐蕃王国,并把都城从雅隆迁到逻些(今拉萨)。这时的吐蕃,农田遍布,牛马成群,实力空前强大。

这一时期,中原正处于唐太宗"贞观之治"的盛世。松赞干布虽然威服群羌,雄霸一方,但深知唐朝是中原大国,地域辽阔,国力雄厚,政治修明,文化昌盛,内心十分钦佩。当时,唐太宗正在实行以促进民族和谐、团结与融合为宗旨的"和亲"政策。他即派遣使者赴长安上表求婚;起初,唐太宗对他和吐蕃不很了解,没有同意;他并不灰心,先后四次求婚。其间,他率部击溃了屡犯汉边的土谷浑,获得唐太宗的好感,遂允诺"和亲"。消息传来,他大喜过望,立即准备了丰厚的聘礼:黄金五千两,宝物珍玩数百件,任命得力的

宰相禄东赞赴长安纳聘。禄东赞在长安期间，目睹京城诸门雄伟，宫廷华丽，街道繁华，文化氛围浓厚，不禁赞叹不已。641年1月，文成公主妆奁备齐。启程之日，排成长龙的马骡骆驼运载着珠宝、绫罗、锦衣、饰物、书籍等丰厚嫁妆，精强的卫队前后护拥，浩浩荡荡地离开长安。行前唐太宗为吐蕃使臣赐宴，委派宗室诸王中最有权威的江夏王李道宗持节护送。文成公主到达逻些（今拉萨）时受到吐蕃人民的盛大欢迎，她与松赞干布的婚礼，成为吐蕃人民欢乐的节日。

松赞干布迎娶文成公主，有力促进了汉藏民族的团结与融合。在此后一个相当长的时间内，唐朝和吐蕃一直和睦相处。松赞干布在迎娶文成公主后，对唐朝始终以子婿自居，屡屡遣使上表，进贡各种奇珍异宝，唐太宗也厚加赏赐。唐太宗逝世，松赞干布异常悲痛。唐高宗李治即位后，即授松赞干布为驸马都尉、西海郡王，后又进封宝王；松赞干布欣然接受唐朝的官爵封号，上书致谢，并表示要努力尽到臣属的义务。松赞干布启动了汉藏关系的良好开端，唐以后历朝历代，吐蕃都臣服中央政府；元以后各朝还在西藏设立行政机构，管理地方事务。

松赞干布和文成公主的联姻，促进了文化交流，有力推动了吐蕃经济社会的发展。文成公主进藏时，携带了许多吐蕃没有的谷物种子，随她赴藏的能工巧匠向当地人民传授了精耕细作的方法和安装水磨、纺织、刺绣等技术。后来唐朝又应吐蕃的请求，加派了酿酒、碾砣、建筑等方面工匠，提高了这些方面的工艺、质量和效率。松赞干布尤其注重学习唐朝政治、经济、军事等方面管理体制；如他仿照唐朝政事堂制度，设置多名宰相，分工负责，避免个人专权；又如，他学习推行唐朝的"均田制"，把公田分给无地的庶民，提高了他们耕种的积极性。这些都促进了吐蕃社会的发展，巩固了王国的统治。

（施　惠）

鉴真、晁衡：唐朝中日友好使者

中日两国，一衣带水，自古以来文化交流不断。日本史学界公认，弥生文化来自中国东北沿海，东渡先民带去水稻、铁器和农耕技术，帮助列岛居民从漂泊不定的渔猎生活进入农耕文明，形成了国家。这种交流到唐朝形成了高潮。唐朝发达的物质、精神文明为日人所向往，因此，日本遣唐的使节、留学生、学问僧等访唐海船不绝于途；唐朝也有使者访问日本。其中最著名的当推鉴真和晁衡。

日本自唐太宗贞观四年（公元630年）首派"遣唐使"入唐以后的260多年间从未中断；这种使团规模很大，多的有五六百人，有的在唐居留达三五十年之久。他们在唐认真学习、吸吮唐文化的丰富乳汁，回国时把中国农业手工业先进的生产技术和工具、典章制度、天文、历法、音乐、美术、书法、建筑、雕刻等输入本国。其中成就最显著的是晁衡，他的日本名字叫阿倍仲麻吕，唐名晁衡。他于唐玄宗初年入唐，时年20岁。入唐后潜心研究唐文化，成就卓著，受到唐政府的重用，先后担任左补阙、秘书监和左散骑常侍等职，官至从三品；与此同时，他把学习唐文化的成果不断传回日本。他和唐朝著名诗人王维、李白等交往甚密。天宝年间，他奉命归国，与唐朝朋友依依惜别，王维赠诗《送秘书晁监回日本国》；不久

传来消息,说他所乘海船遇到风浪沉没,他已葬身大海;李白怀着悲痛的心情写下了《哭晁卿衡》:"日本晁卿辞帝都,征帆一片绕蓬壶。明月不归沉碧海,白云愁色满苍梧。"这首诗情深意切,成为中日友谊史上传诵千年的佳作。但这是误传,晁衡大难不死,历经艰险,辗转漂泊又回到长安,继续在唐朝任职和向国内传播唐文化;直至公元770年才在长安逝世,终年73岁。他在中国生活、工作了50多年之久,为中日文化交流、促进中日友谊做出了杰出的贡献。后来日本人民在东京护国寺为他塑雕像,建立纪念堂。近年中日两国又分别在西安和奈良建立纪念碑,纪念这位友好使者的业绩。

唐朝也经常遣使日本,最著名的为鉴真和尚。他姓淳于,江苏扬州人,扬州龙兴寺高僧;天宝年间他应日本僧人的邀请去日本讲学。那时中日间的海路十分艰险,他连续五次东渡都没有成功。由于旅途过度劳累,导致眼疾,最后双目失明,但他仍不改初衷,坚持东渡,终于在公元754年2月到达日本当时的首都奈良,时年已近七旬。他把佛教中律宗的教义传授给日本僧人,又把寺院建筑、佛像雕塑、庙堂壁画等艺术传授给他们。鉴真还精通医学,他帮助日本药界鉴别了许多草药,留下医书《鉴上人秘本》。鉴真在日本留居10年,去世后葬在招提寺。他对中日友好事业做出巨大贡献,受到两国人民的普遍尊敬。

周恩来总理曾说:中日友好几千年,冲突50年。自1894年中日甲午战争到1945年日本战败投降,50年间,由于日军不断侵华,导致中华大地狼烟烽起。侵华日军暴行累累,罄竹难书,仅抗战期间,中国军民伤亡即达3 500万人。但从历史的长河看,中日友好仍是主流。我们要牢记历史教训,加快建设,增强国力军力,维护东亚地区的和平与稳定;同时要继续加强两国人民的友好往来,和平友好、合作共赢是双方共同利益所在。在日本国内,虽然仍有少数右派政客不时发出反华叫嚣,但多数民众倾向中日友好,和平相处,反战力量较强,中日世代友好有着深厚的基础,我们应该向此方向努力。

(施 惠)

"台湾近代化之父"刘铭传

台湾首任巡抚刘铭传,他一生60年的历程中,最辉煌的时期是在台任职的7年。他赴任后,在强敌压境、敌军锁海、饷援皆绝的险恶形势下,率军英勇抗击拥有优势装备的入侵法军。抗法胜利后,他以病弱之躯,创惊人之效,在台湾大力加强海防建设,使台湾成为中国在海上抵御外国侵略的前沿堡垒;同时,筑铁路、通邮政、兴工商、办学堂,一位德国

记者说,"他努力把近世工艺的恩泽移植于这一中国东方的孤岛之上"。因此,人们称颂刘铭传为"近代中国杰出的爱国将领和民族英雄","台湾近代化之父"。

当抗法战争的硝烟刚刚散去,他就在台湾全岛革故鼎新,除弊兴利,掀起经济建设热潮,兴建起全国第一条铁路、第一座铁路大桥、第一个邮政局、第一盏电灯、第一个自来水厂、第一所新式学校,使台湾从一个过去供给仰人的后进省份,一跃而成为全国先进的、自给的、近代化水平居于前列的省份。

刘铭传敢于改革弊政,坚定清赋理财以充实财源。通过清丈土地,查出地主瞒报的大量田产;同时整顿厘金、规范盐务,实行樟

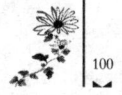

脑、硫黄官卖，使全省财政收入由原来的90万两增加到300万两。刘铭传还勇于扶持民间资本，吸引华侨资本乃至国外资本，获得了大量海防和建设资金。

刘铭传奋力进行交通建设。他认为铁路是社会的命脉，"非办铁路不足以繁兴商务，鼓舞新机。"从1887年起，他先后主持兴建了台北至基隆、台北至新竹段的铁路，全长106.7公里。在台北至基隆的铁路线上，需开凿一条长达570米的狮球岭隧道，他亲自在工地督阵。刘铭传还领导兴建了从集集到水尾的横贯台湾中央山脉公路，全长182里，使东西海岸相连。他还开创海上航运事业，使海船航行于台湾至大陆及东南亚地区。

刘铭传大力发展通讯邮政事业。1887年先后成功铺设了沪尾至福建川石山和安平至澎湖妈宫港的海底电缆，使台湾与大陆通讯畅通。在此基础上，于台北设立了邮政总局并在各地设立分局，发行邮票，办理官府和民间邮递业务。

刘铭传认为"自强必先致富，致富必先经商"，大力支持商业活动，力求货畅其流。蔗糖和茶叶是台湾出口的大宗物资，过去为英商操纵，从中牟取暴利；刘铭传支持中国商社与之抗衡，夺取中国应有的商贸权益。

刘铭传还大力发展教育事业。先后在全岛各地开办了几十所书院、义学、官塾，还在台北大稻埕办了一所"西学堂"聘请外籍教师任教。普及教育的结果是启迪民智，培养人才，为经济发展增强了后劲。

刘铭传高度重视处理好汉族官民与台湾原住民高山族的关系，加强民族团结，合力搞好建设。他一改过去统治阶级对原住民歧视和隔离的错误政策，采取"以抚为主，以德服番"的方针，命令地方官员对高山族居民"教之耕耘，使饶衣食"，发展原住民住地的生产；设置专门学堂，招收少数民族儿童入学，提高少数民族的文化水平。刘铭传的民族政策,收到了显著效果,到 1889 年取得了"全台生番一律归化"的成就,对社会安定和经济发展起了十分重要的作用。

现在台湾有很多街道、学校以刘铭传的名字命名,表达了台湾民众对他的崇高敬意和怀念之情。正如台湾著名史学家连横(连战之父)在《台湾通史》中所说"其功业,足与台湾不朽"。

(施 惠)

刘伯承与彝胞歃血为盟

刘伯承是战功卓著的开国元勋。他指挥的诸多著名战役,如红军巧渡金沙江、飞渡大渡河、刘邓大军挺进大别山、挥师解放大西南等,都在我党我军历史上铭刻了一座座丰碑。

刘伯承,1892 年出生于四川开县,早年加入孙中山领导的中华革命党,参加过护国护法战争,1926 年 5 月参加中共,领导了著名的泸州暴动,次年参加南昌起义,失败后赴苏学习;1930 年归国,长征途中任中央军委总参谋长兼中央纵队司令员。他指挥红军强渡乌江、智取遵义、巧渡金沙江,立下许多赫赫战功,毛泽东称赞说:"刘伯承是条龙。"意指任何大江大河都阻挡不了他。

红军渡过金沙江后,按原定计划,应攻克大树堡后渡过大渡河；但接获可靠情报，敌军已在大树堡构筑了坚固的工事，有重兵固守，倘若强攻，伤亡必大。于是军委决定改变进军路线：从冕宁径取安顺场，从那里渡过大渡河。但是从冕宁到安顺场，必须经过凉山彝族聚居的地区。彝族同胞性情强悍，且有武装，加之国民党的反动宣传，他们对红军心存疑虑。刘伯承在攻克冕宁后，即单身深入彝族地区，与其首领小叶丹歃血为盟，结为兄弟，保证红军顺利通过。这一段历史知之者甚多，但其详情却鲜为人知。

　　刘伯承按照军委新的战略部署，在派出一部分部队向大树堡发动佯攻的同时，自己亲率先遣部队隐蔽行动，在神不知鬼不觉中占领了冕宁城。进城后，红军立即开仓放粮，打开监狱，救出大批因抗拒当局横征暴敛而被捕的贫苦人民，其中有一些彝族的子弟。刘伯承把他们请去，酒食款待，讲明红军宗旨以及民族政策，使这些彝族子弟深受感动，他们实话实说，向刘伯承交底：凉山彝族地区有三支武装，一是罗洪一派，受国民党欺骗较深；二是老伍一派，属于中立；三是小叶丹领导的沽基派，态度较好，能够帮穷人讲话、撑腰；三派之间有矛盾，曾火并过，结有冤仇。

　　刘伯承决定与小叶丹的沽基派协商借路一事，恰好找到一个名叫陈志喜的汉人地下党员，在凉山以开酒店作掩护，同小叶丹有联系；刘伯承就派他带人去同小叶丹联络。临行前，陈志喜告诉刘伯承："沽基家现在处境不大好，可能想借用红军的实力。"刘伯承说："我们不可能替他'打冤家'，适当支援他们一些枪支弹药倒是可以的。"送走陈志喜后，刘伯承整顿了我军的军容，作好迎接客人的准备。

　　第二天，陈志喜带来小叶丹的管家。管家看到红军严整的军容、充实的枪支弹药和一些重武器，战士个个威风凛凛。管家见后内心十分敬佩，连忙向刘伯承躬身作揖说："长官，我们首领请你去山寨面谈。"刘伯承正准备带着几个参谋和警卫动身，管家却又到

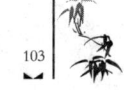

刘伯承面前躬身说:"我们首领说了,请你不要携带武器,随员只能一个,安全由我方负责。"刘伯承听说毫不犹豫地把枪摘下放在桌上,对身边的一个参谋说:"跟我去。"大家见刘司令要独身闯山寨,周围的参谋、军官都围了上来,劝说刘司令要带些人和枪去,有的愿意代表刘伯承去;刘伯承把大家推开,十分平静却又不容置辩地说:"为了抗日,为了红军,我必须去,请大家放心。"说完就带着参谋随管家上山了。

小叶丹看到刘伯承仪表堂堂,气质非凡,而且只带一个随从,无任何武器,昂首进入山寨,使他十分敬佩,也看到了红军的诚意。他把刘伯承迎进客厅,分宾主坐下。刘伯承再次向他阐明了红军的宗旨和民族政策,言简意赅,通俗明了,侃侃而谈,讲得小叶丹不断点头赞许,很快表态愿意借路让红军从凉山通过。这时小叶丹有点犹豫、但又爽快地讲出了一个要求:想同刘伯承结为异姓兄弟,刘伯承毫不犹豫地愉快同意了。于是很快在厅堂前举行了歃血为盟的仪式:一个年纪较大的彝胞当司仪,他在塘里舀了两碗清水,放在桌上,一手抓住一只大公鸡,一手持刀按在鸡脖子上,口中念道:"刘司令、小叶丹寨主在海子边结义为兄弟,以后如有反复,如同此鸡。"念完,手下一用力,"嚓"的一声,鸡头落地,鲜红的鸡血滴在两碗水中。刘伯承、小叶丹接过血水一饮而尽,聚集在周围的彝胞欢呼跳跃。第二天,小叶丹亲率族人为红军引路,许多彝胞箪食壶浆,为红军送行。刘伯承临别送给小叶丹一批枪支弹药,帮助他们建立了"中国工农红军沽基支队"。两人挥泪而别。刘伯承此举,不仅为红军打开了前进的通道,尤其是树立了处理民族关系的榜样,使党的民族政策得以广为流传,深入人心。

(施 惠)

维护民族团结的张治中

☆☆☆☆☆☆☆

张治中毕生为国共合作奔走,同时也不遗余力地维护各民族之间的团结。本文记述的,是他正确处理新疆问题,维护汉、维、回族团结的光辉业绩。

在新疆,由于过去统治阶级长期实行高压政策,挑动民族之间的仇杀,埋下了民族仇恨的种子。国民党政府统治期间,军阀盛世才统治新疆12年,残酷囚禁、屠杀大批各族人民,1943年又以扩充骑兵为借口,下达全疆捐献一万匹军马的命令,遂导致伊犁、塔城、阿山三区回族、维吾尔、哈萨克等少数民族暴动,国民党所在三区的五个团全部覆没。1945年8月,起义军迅速推进到玛纳斯河西岸,距首府迪化(今乌鲁木齐)仅120公里,而迪化守军不足5营,形势万分危急;国民党在新疆的党政要员朱绍良、吴忠信电告蒋介石:"事态严重,前途不测,只有一死殉国。"

蒋介石接电后,立即命张治中火速前往迪化,了解情况并果断处置。张治中飞往新疆了解情况后,随即请苏联驻迪化代总领事叶谢也夫转请苏联政府出面调停,首先是使三区起义军停止军事行动,以便双方互派代表进行商谈。此时,中共也向三区表示了和平解决的愿望。三区代表慎重考虑以后,同意谈判,命令在玛纳斯河西岸驻扎的军队原地待命,紧张的局势有了缓和。

这时张治中在深入考虑谈判和从根本上解决新疆长期剑拔弩张的紧张民族关系。他认为:新疆人民历来受反动统治的高压和剥削,这必然引起各族人民的反抗。因此要解决新疆问题,首先要

改变过去的错误做法,给人民以政治平等权利和经济上的实惠。同时他也认识到新疆与苏联接壤之处甚多,苏联不能允许新疆出现反苏局面,所以新疆一定不能反苏。但是,当时国民党政府实行的是大汉族主义和反苏政策,自己的两大主张,定会遭到国民党内一些人的反对,而难以推行。他飞回重庆,求见蒋介石坦诚讲述了自己的主张。当时蒋正集中全力打内战,极需新疆局面稳定,遂答应新疆问题张治中可以"全权处理"。为了在国民党内取得多数人的支持,在国民党六届二中全会上,张治中作了《关于新疆问题的报告》,系统地阐述了新疆问题深层次的原因和自己的主张,还提出要积极帮助新疆人民搞好建设,发展生产,改善生活;他的报告除少数人反对外获得一致好评。

  1945年10月,张治中作为国民党中央政府代表,飞新谈判。他见到三区代表,首先作了词恳意切的讲话。他说:我们国家各民族像一个大家庭,过去家庭中出现了某些不和睦的情形,我这次代表中央来,就是要恢复弟兄间的和气与家庭的团结。过去省府有些措施,颇有对不起全省同胞的地方,中央今后必须本着培植新疆、爱护同胞的精神来改善全省人民的生活。一番真诚的话语,缓和了三区代表的对立情绪。谈判开始后,虽然气氛还好,但在一些具体问题上双方争执还是很厉害。从1945年11月14日到1946年1月2日,每隔一两天就谈一次,每次都在四、五个小时以上,年近六旬的张治中舌燥唇干,精疲力竭;经过艰苦的谈判,终于达成协议——11项和平条款,成立了以张治中为主席,包括各民族主要是汉、维、回族代表,三区代表和国民党政府代表的新疆省联合政府。1946年7月1日在迪化和平广场召开了30 000多人的庆祝大会,省联合政府主席、副主席、委员同时宣誓就职。南京中央政府派监察院院长于右任到场监督。他在飞临天山上空时怀着喜悦的心情填写了一首《浣溪沙》词:"我与天公共白头,白头相映亦风流,羡它雪水溉田畴。风雨忧愁成往事,山

川憔悴几经秋,暮云收尽见芳洲。"

省联合政府成立后,张治中就着手实现他的既定主张。在政治方面,全部释放盛世才拘捕的政治犯和蒙冤人员,其中应中共要求,将131名政治犯专车送达延安,朱德致函张治中表示感谢;严惩贪污,禁绝鸦片,枪毙大贪污犯4名,当众销毁盛世才库存的鸦片260 000两;实行亲苏政策,加强新疆与苏联的物资、文化交流,送还被盛世才扣留的3 100吨苏联物资。在经济方面,宣布免除全省所有税收半年,其中农牧税免除一年;修建了红雁池水库、和平渠以及其他水利工程;由南京政府拨款500 000元,成立西北民生实业公司,从内地把茶、糖、布匹等日用品运进,以成本价出售,把新疆土产运往内地;还清查发还了盛世才没收人民的财产。张治中雷厉风行地贯彻执行上述措施,从根本上革除了弊政,有力促进了汉族、维吾尔族、回族及其他少数民族的团结,保持了社会稳定,发展了生产,为后来的新疆和平解放奠定了基础。

(施 惠)

坚持国共合作的卫立煌

卫立煌是一位坚持国共合作的国民党高级将领。1955年他率先从海外回归祖国,受到毛泽东、周恩来等热烈欢迎。

卫立煌,字俊如,1897年出生于安徽合肥县。早年参加辛亥讨袁战争,曾任孙中山卫队卫士。1936年他任鄂豫皖督办时,对推动大别山地区的国共合作起了重要的作用。1937年7月抗日战争爆发,同年10月他奉命率部赴忻口堵击日军进攻;10月13日,日军3个师团和特种部队在飞机、战车和重炮的掩护下,对忻口发动猛

攻。卫立煌指挥守军奋勇抵抗，几经激战，许多阵地失而复得，坚守达一个月之久。在这场激战中，第九军军长郝梦龄、第五十四师师长刘家麒、独五旅旅长郑廷祯均英勇殉国，官兵伤亡达数千人。期间，八路军一二九师陈锡联部潜入敌阳明堡机场，用密集的手榴弹投向敌机，爆炸引起连锁反应，整个机场成了火海，敌24架飞机和驾驶员均葬身火海。但由于日军突破娘子关，太原失守，卫立煌只好率部至介休、孝义一带坚守，与敌对峙。

忻口战役后卫立煌出任第二战区副司令长官兼前敌总指挥，他认识到要取得抗日战争的胜利必须加强同共产党及其领导的部队的合作。1938年春，卫立煌借口到河南陇海线上巡视，取道经延安至西安；4月17日到达延安后，受到延安军民的热烈欢迎，毛泽东同卫立煌紧紧握手，彻夜长谈。延安人民还举行盛大的欢迎晚会，毛泽东致欢迎词。卫在热烈的掌声中致答词，盛赞"边区人民确有良好组织，可为全国效法，"表示：要和八路军团结一致，粉碎日军的进攻。卫立煌一行告别延安后，在到达西安的第二天，他即发出手令："即发十八集团军步枪子弹100万发，手榴弹35万枚。"并说："十八集团军打得很好，我们就应该充分供应。"这一期间他和共产党、八路军相互支持，携手抗日，在中条山等战役中战果辉煌，表现出这位抗日名将的民族大义与军事奇才，时任八路军政治部主任的任弼时对他高度赞扬："黄河保卫华北，先生保卫黄河"。

解放战争全面爆发后，蒋军在东北连打败仗。1948年1月17日，蒋派卫立煌为东北行辕副主任兼东北"剿匪"总司令，卫不得已，只好飞抵沈阳就职。但他在一系列战略战术问题上同蒋的主

张相左,蒋强令乃至越级推行他的错误主张;如蒋亲飞沈阳,不顾卫立煌的反对,强令廖耀湘兵团南下解锦州之围,结果在途中全部被解放军歼灭,导致东北全境解放。蒋介石却发布文告:"东北剿匪总司令卫立煌,迟疑不决,坐失戎机,致失重镇,着即撤职查办。"卫立煌知道这是蒋介石要拿他当替罪羊,他在北平一位亲戚家闭门不出,住了20多天后,秘密远走香港。

1949年10月1日,传来中华人民共和国成立的喜讯,卫立煌不胜喜悦;于3日即亲笔拟就贺电:"毛主席:先生英明领导,人民革命卒获辉煌胜利。从此中国人民得到伟大领袖,新中国富强有望,举世欢腾鼓舞,竭诚拥护,煌向往衷心,尤为雀跃万丈。敬电驰贺。朱副主席、周总理代致贺忱!"他想回国,但他曾被列为战犯之一,心存犹虑。1954年周恩来嘱咐在邓颖超身边工作的卫立煌妻子韩权华的侄女韩德庄执笔写信告卫:"在太原晤过面的那位朋友,请姑父和姑母回来!"卫立煌一看就知道是抗战之初在太原有过竟夜长谈的周恩来叫他回去,仿佛"空口无凭,有信为证",悬着的心彻底放了下来。3月14日,卫立煌和几位随从从香港九龙密抵澳门;次日凌晨,一条经过改装的不起眼的小船悄悄升锚,过濠江,向一水之隔的祖国大陆驶去;3月15日天刚放亮,卫立煌夫妇从拱北(今珠海市)码头踏上祖国大陆。稍事休息后,卫立煌一行经中山、顺德,于下午4时到广州,广东省委第一书记陶铸会见了他;卫立煌向新闻界散发《告台湾胞泽朋友书》,这一天,《人民日报》《南方日报》等均在第一版刊登了新华社播发的《卫立煌返回人民祖国》的消息。4月6日,卫立煌夫妇抵达北京,周恩来、朱德等亲往车站迎接。新中国给予卫立煌极大的信任和荣誉,他先后被推选为全国人大代表、全国政协常委、民革中央常委、国防委员会副主席。1960年1月17日,卫立煌因病医治无效,在北京逝世,终年64岁。

(施 惠)

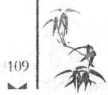

待人楷模

于右任亟盼统一赋《国殇》

于右任是海峡两岸知名度很高的爱国人士。1962年1月,他怀着浓郁的思乡之情和亟盼祖国统一的愿望作了著名的爱国诗篇《国殇》:

葬我于高山之上兮,望我大陆;
大陆不可见兮,只有痛哭!
葬我于高山之上兮,望我故乡;
故乡不可见兮,永不能忘。
天苍苍,野茫茫;
山之上,国有殇。

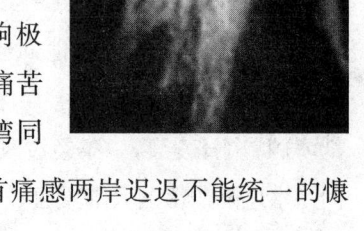

这首诗发表后,广为流传,影响极深。因为它不仅反映了于右任极其痛苦的思乡之情,也寄托了他和广大台湾同胞亟盼祖国统一的强烈愿望,是一首痛感两岸迟迟不能统一的慷慨悲歌。

于右任(公元1879~1964年),陕西泾阳人,原名伯循,早年留学日本,参加中国同盟会,1912年任南京临时政府交通次长,袁世凯窃国后,积极支持"二次革命",任陕西靖国军总司令,大力支持孙中山的护法运动。他坚决拥护和执行孙中山的三大政策,支持国共合作,提出了"合则两益,离则两损"的著名论断。孙中山病逝于北京前后,于右任参与起草了《总理遗嘱》和襄办丧事。1926年他接受李大钊的委托,秘密前往苏联,会见了斯大林,同正在苏联的冯玉祥共商大计,回国后于9月17日共同在五原誓师,于右任就

任国民联军驻陕总司令,有力支持和策应了北伐战争。抗战初期,他率先签名拥护中共"八一宣言",主张国共合作,共同抵御外侮。

解放战争期间,他反对内战。蒋介石政权垮台前,他是愿意留在大陆,不愿去台湾的。周恩来曾让屈武(于的女婿)告诉他:南京解放后即派飞机接他去北平,参加筹备新政协等重要工作。孰料1949年4月23日上午,突然来了一个高级军官称:"报告于院长(于时任监察院院长),共军已经突破江防,情况紧急,请即刻离开南京。"没等于右任把东西收拾好,就强行拥他上车驰往机场。因此,他在晚年怀念家乡和大陆的一些诗,词真意切,诗味隽永。如《望雨》就是这样的诗:

　　　　独立精神未有伤,天风吹动太平洋。

　　　　更来太武山头望,雨湿神州望故乡。

1958年,他在《补经颐渊、陈树人、何香凝合作的岁寒三友图遗字》一诗中写道:

　　　　破碎山河容再造,凋零师友记同游。

　　　　中山陵树年年老,扫墓于郎已白头。

此诗一经发表,盛传海内外,《人民日报》转载并加按语,何香凝、林伯渠、朱蕴山等都有和诗。

1962年1月,于右任在日记中写道:"我百年后愿葬玉山或阿里山树木多的高处,可以时时望大陆。"(旁注:"山要最高者,树要大者")不久就写下了本文开始录下的那首广为传诵的悲歌。

于右任诗写得好,书法亦驰名于世,被称为明清以来的一位大家。传说他曾写一纸条"不可随处小便"贴于院后阴沟旁,第二天即不翼而飞,原来是被爱好其书法的人窃去,剪贴成"小处不可随便",裱制成一幅条幅悬挂堂中。

于右任一生为官清廉,后人曾写诗"三十功名风两袖,一生珍藏纸几张"来称誉他的高风亮节、清廉自守。他有一铁箱,生前嘱

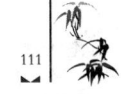

咐亲友,在他逝世后方能开启;箱中存放何物,无人知晓。1964年11月10日中午,于呈弥留状态,台湾当局及其至亲会同打开铁箱。展现在人们眼前的是他生前的日记之类的记述,不仅没有珍贵珠宝,连张股票、证券也没有,尤其令人难过的是存有几张借账单,其中有平时经济拮据,零碎挪借跟随他40多年的老副官宋子才的30 000多元台币的借据,在场的人无不泪水盈眶。

于右任逝世后,海峡两岸中国人同感悲痛。台湾各界为他举行了隆重的吊唁活动。台湾80余团体和青年学生捐资铸于右任铜像一座,由登山队员背负而上竖立于玉山之巅,使山与像二者之和为海拔4 000米,同大陆东南最高点相等,以实现他遥望大陆故乡之愿。在大陆,中共十一届三中全会以来,政府和人民多次举办纪念于右任先生座谈会和他的书法真迹展览,出版了胡耀邦题写书名的《于右任诗词集》、《于右任墨迹选》。许多爱国人士表示:纪念于右任先生,最重要的是尽快实现他的遗愿,让祖国早日和平统一。

(施　惠)

为民族团结献身的格达活佛

全国各民族的坚强团结,是国家兴隆昌盛的一个重要条件,因而汉族和少数民族中的志士仁人都不遗余力、甚至牺牲自我以求民族团结。藏胞格达活佛就是这方面的一面旗帜。

格达活佛(公元1903～1950年),西藏著名爱国人士,1903年出生于甘孜县白利土司辖区内德西地村的一个农奴家庭。格达自幼聪颖,3岁时被认定为白利寺前世活佛的转世灵童,19岁入拉萨最早的黄教寺院甘丹寺深造,苦读8年获一等格西学位(相当于博

士学位);格达精通佛教经典,熟谙藏医学,在文学方面也有很深的造诣。

1936年春,红军第二方面军和第四方面军在格达的家乡甘孜会师。红军颁发布告,阐明红军的宗旨和政策。但是由于旧社会历届政府对藏族同胞都采取歧视政策,汉藏关系一直很紧张,加之国民党进行的欺骗性宣传,所以当地藏胞见到红军非常恐惧,纷纷逃跑躲避。格达通过结识朱德等红军将领,了解红军是纪律严明、秋毫无犯的人民军队,对中共的民族平等和宗教信仰自由政策也深信不疑。于是他亲自向藏胞宣传共产党和红军的政策,并选派喇嘛深入农村牧场动员外逃藏民回家安心生产,并发动当地藏民群众为红军捐献粮草,充当翻译和向导。1936年6月,中华苏维埃博巴政府(博巴为藏族的自称)在甘孜成立,格达活佛被选为自治政府主席。在红军驻扎的半年内,格达主持的白利寺就捐献给红军青稞130石、豌豆32石、军马15匹、牦牛19头;红军专门致函感谢。

红军从甘孜北上抗日,临行前朱德亲往白利寺向格达辞行,告以红军一定会回来,藏族同胞一定会解放。

红军撤离后,国民党和封建农奴主结合起来疯狂反攻倒算。格达挺身而出,同他们进行周旋和斗争,并把红军留下的200多名伤病员扮成喇嘛转移到白利寺和其他寺庙,伤愈后派人送返部队。这期间国民党对他百般拉拢,以"国大代表"相诱惑,均被他拒绝。他十分想念红军,赋诗写道:"红军走了,寨子空了。/寨子空了心不焦,心焦的是红军走了。/彩云是红军的旗子,高山是红军的臂膀。/红军啊,你给我们留下了金石的话语,藏族人民永远在你的指引下成长。"

1949年初秋,解放军相继解放了兰州和西宁等地,格达喜不自禁。10月1日中华人民共和国成立,格达更是兴奋异常,派人赴京献旗致敬,并请中央政府速发义师,解放康藏。

1950年3月,西康人民政府成立,格达活佛被选为副主席兼民族事务委员会委员;同年6月又被任命为西南军政委员会委员,毛泽东、朱德邀请他到京会晤。

此时英、美、印等国进行阴谋活动,妄图阻挠我解放西藏。中央人民政府发表声明,揭露外国制造分裂的阴谋,命令解放军进军西藏;同时派遣格达活佛前往拉萨,劝说和敦促西藏地方政府与中央政府谈判,以和平解放西藏。格达知道此行充满凶险,但他为了祖国统一、民族团结,置个人安危于不顾,毅然踏上征程。临行他对友人说:"为了藏族人民脱离帝国主义的羁绊,冒万难也是应该的。为了本民族的解放事业,万一出事也是光荣的。"

格达活佛行抵昌都时,英、美、印等国的间谍、昌都反动头目福特,阻挠他去拉萨与达赖会面,并把他软禁起来。在此期间,格达活佛向昌都僧俗各界大力宣传《共同纲领》,宣传党的民族宗教政策,并致电拉萨友人,请为西藏和平解放出力。福特感到格达存在是对他的巨大威胁,乃秉承其主子意图,在格达活佛饮用的茶里投下毒药,格达活佛在圆寂前还高喊:"死也不悔。"时年47岁。

1951年5月23日在大军压境的情况下,西藏地方政府终于签署了《关于和平解放西藏办法的协议》,格达生前未竟的事业终于实现了。党和政府依法惩办处决了杀害格达活佛的凶手,并把活佛的骨灰移回甘孜,安葬在苍松翠柏掩映的白利寺中。毛泽东派人赠送了亲笔题词"中华人民共和国各民族团结万岁"的锦旗。

(施 惠)

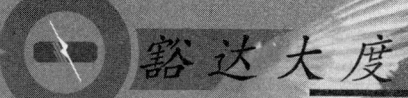
豁达大度

豁达大度是指人胸怀开阔,有容人之量,能听进逆耳之言,能团结不同意见的人共事。这句成语源自晋朝潘岳所作《西征赋》:"观夫汉高之兴也,非徒聪明神武,豁达大度而已也。"认为刘邦的成功,豁达大度是主要条件。毛泽东曾在讲话中引用过这段话。

豁达大度主要是能容忍,有度量,"海纳百川,有容乃大"。这是一种修养,也是一种美德。彭真在"文革"中遭受沉重打击,在监狱和流放中度过12个春秋。1978年他一回到北京就语出惊人:"要正确对待毛主席","计较个人恩怨不是共产党员"。表现了他坦荡、博大的胸怀,对统一党内认识,稳定大局起了重要的作用。

豁达大度是人与人之间的一种胶合剂,能够有效化解矛盾,促进和谐。战国时赵国宰相蔺相如肚量很大,他不同资历较深厚的老将廉颇争长较短,遇事退让,廉颇觉悟后,"负荆请罪",从此将相和睦,赵国日渐强盛。清朝文华殿大学士张英,"宰相肚里能撑船"。家人与邻居为建房基地发生纠纷,派人赴京向他告状;他回诗一首:"千里传书只为墙,让他三尺又何妨。万里长城今犹在,不见当年秦始皇。"家人醒悟,让地三尺,对方也让三尺,至今桐城仍有"六尺巷"。

　　豁达大度在治国安邦中常常起到十分重要的作用。汉初的"文景之治"是我国古代民富国强的一代盛世，主要是文帝能够虚怀若谷，听取采纳各种有益的意见，实行黄老之治，让人民休养生息，从而达到汉初的全盛。冯谖是一位胸怀韬略的高士，但他的才华深藏不露，并屡屡挑战孟尝君的胸襟；孟尝君豁达大度，容忍他的"放肆"；后来孟尝君在逆境中，冯谖为他谋划"狡兔三窟"之策，使他终身受益。李宗仁在抗战初期主持第三战区时，打破门户之见，广泛接纳所谓"杂牌军"，并为他们排难解忧，倍加信任，因而将士英勇奋战，用鲜血和生命换得了台儿庄大捷。

　　豁达大度的美德在新时期得到发扬。浙江义乌从一个地处内陆、资源贫乏的县级市发展成为规模空前的国际商贸大都市，主要是他们的宽容大度。目前，超过8 000多名外商定居义乌，近100万外来建设者融入该市。正是义乌人的大度，使近百万中外居民和睦相处，成为我国和谐社会的缩影。

豁达大度

管鲍之交

管仲

春秋时代的鲍叔牙,在历史上并无显著的建树、赫赫的名声;但辅佐齐桓公成为五霸之首的管仲,却是因他竭力举荐而成为齐相的。没有鲍叔牙的善知善待,就没有管仲做出的一番伟业。

管仲(名管夷吾,字仲)生于公元前600多年,颍上(今安徽颍上县)人,现今颍上县竖有管仲的塑像并保存了他的坟墓。齐桓公之初,任命管仲为宰相,尊称"仲父",授予他很大的权力,管仲也努力进行了一系列改革。管仲有句名言:"仓廪实而知礼节,衣食足而知荣辱。"他采取许多措施大力发展齐国的经济,他把土地分给耕种者个体经营,征收实物地租,调动了农民的积极性;他组织开采铁矿,制造农具和手工业器械,使齐国成为使用铁器最早的国家;他利用齐国东临大海的条件,鼓励百姓用海水煮盐,入海捕鱼;他规范铸造国家钱币,发展同其他诸侯国的贸易。在军事上,管仲把居民的保甲制度和军队的组织紧密结合,平时务农,战时从军,使齐国兵源有了可靠的保证;在外交方面,管仲辅佐齐王采取"尊王攘夷"的政策;从此齐国国力日益强盛,终于成为五霸之首。管仲著有《管子》一书,原86篇,今存76篇,包括道、名、法等家的思想以及天文、历数、舆地、经济和农业知识。这样一个具有经天纬地、济世匡时的奇才,是鲍叔牙发现、认定、保护,并极力推荐给齐桓公的。

年轻时代,鲍叔牙与管仲合伙经商,分红时管仲总是多得一些,鲍叔牙的从人议论管仲心贪;鲍叔牙说:他家里贫穷,是我自愿让给他的。

两人从军打仗,每至战场上阵,管仲总居后队,到还兵的时候,管仲又为先驱。战友们都笑他怯懦。鲍叔牙说:"他有老母在堂,需要留身奉养,哪里是真怯懦呢!"

每当议事,管仲的估计有时失误;鲍叔牙说:管仲能看到事物的本质,这一点我们都不及他。他判断往往是正确的,有时失误是时运不佳,怎么能怪他呢? 所以管仲深有感触地说:"生我者父母,知我者鲍子也。"

公元前686年,齐国出现内乱,齐襄公被杀,逃亡在外的公子纠(由管仲辅佐)和小白(由鲍叔牙辅佐)争相回国。结果小白先入都城临淄,继承了齐国君位,是为齐桓公。当两个公子争相回国时,公子纠在鲁国的帮助下,派管仲率军在途中拦截小白,管仲还射了小白一箭,小白诈死,轻车急奔临淄,登上王位。鲁国不服,出兵攻齐,齐桓公战胜了鲁国的挑战,急于追杀管仲,欲报一箭之仇。鲍叔牙极力劝阻,说:"管仲,天下奇才,齐国要在诸侯中称霸,非重用管仲不可。"齐桓公问鲍叔牙,"管仲和你相比如何?"鲍叔牙恳切地回答,"臣不如管仲者五处,即:宽以从政,惠以待民;治理江山,保持稳定;取信于民,深得民心;制订礼仪,风化天下;整治军队,运筹帷幄。"接着鲍叔牙劝说齐桓公捐弃旧怨,化仇为友。

齐桓公终于采纳了鲍叔牙的建议,佯称要活捉管仲,报一箭之仇,迫使鲁国引渡管仲。待管仲的囚车进入齐境,鲍叔牙立即将其迎入;管仲当时的身份是个囚徒,他为未曾辅佐好公子纠、又未为

他死节尽忠而深感愧疚。鲍叔牙勉励管仲说:"做大事的人常常不拘小节,以功名不显于天下为耻辱。"这话使管仲受到启迪,使他振作起来。

齐桓公大封功臣时,仍想拜鲍叔牙为相,鲍叔牙推辞不受。他说:"我是一个忠实的大臣,却不是一个治国的天才。治理国家,要内安百姓,外抚四夷,勋加于王室,泽布于诸侯,才能国泰民安,功垂千古。这样的重任,我实在难以担当。"

鲍叔牙力荐管仲为相。齐桓公找管仲就国事进行了长谈,发现他的才能果然非凡,决定任用管仲为相。鲍叔牙又进言:"对于管子这样的人,不重用不能发挥他的才能;重用而不专一,也不能使其成就大业;专一而不礼遇,同样不能使他建立威信,行使权力。"

于是,齐桓公卜择吉日,亲自郊迎管仲,同载入朝,拜为宰相,授以重权,尊称"仲父",从此齐国大盛。鲍叔牙荐贤让位成为历史佳话,管仲与鲍叔牙之间的真诚友谊,成为人们千古流传的"管鲍之交"。

(李 怀)

将相和

战国时,秦国恃强凌弱,佯称要以15城的领土向赵国换取稀世珍宝"和氏璧"。赵国明知是诈,却又左右为难:顺从地送上玉璧,非但得不到交换的15城,还会助长秦国的侵略野心;不给玉璧,又恐授人以柄,成为秦国入侵的借口。再三考虑后,赵惠文王启用了足智多谋的蔺相如为使臣,奉璧入秦。

廉颇负荆请罪

蔺相如果然大智大勇,在强权面前,不仅证实了秦昭王的图谋,而且表示了倘若强取即与玉璧同碎的勇气,慑服了秦昭王,又策略地暗命随员将玉璧转移回国,有理有节地完成了使命,使完璧归赵。

秦昭王野心不泯。其后又于公元前279年,在重兵压境中,再邀赵惠文王去渑池(今河南渑池西)会盟;名曰友好,实则迫降。蔺相如随惠文王赴约,在强敌面前毫不怯懦,以死相拼,迫使秦王收回无理要求,又一次捍卫了赵国的尊严,挫败了秦国的阴谋。

论功行赏,蔺相如被拜为上卿,位次排在同为上卿的廉颇之上。这引起了廉颇的强烈不满。

廉颇是赵国名将,屡次击败齐、魏等强国,战功卓著,声名显赫;而且,文攻必有武备,在蔺相如舌战秦王的时候,廉颇在赵国做好了充分的战备。蔺相如的成功与廉颇的努力是分不开的,所以廉颇不服。廉颇说:"我为赵国南征北战,战功赫赫,而蔺相如只是凭能说会道立了功劳,官位怎么能在我之上呢?况且他出身卑贱,处在他之下,我感到耻辱。我见到蔺相如,一定要羞辱他一顿!"

豁达大度

蔺相如听说后,一笑置之。的确,蔺相如当初只不过是内侍缪贤的舍人,凭着大智大勇和为国献身的精神崭露了头角,怎么能与资历高深的廉颇相比呢?但是出身低贱不能成为自卑怯懦的理由,且深知朝廷重臣的团结关系到国家的兴衰大局,决定避免冲突,尽量少和廉颇见面。朝会时,他常推说生病而不出席,避免和廉颇争比位次的先后高低。有一次,蔺相如外出,偏偏迎面遇见了廉颇的车马;蔺相如急忙吩咐自己的车马避入僻巷,等廉颇过后再走。

这样三番五次地避让,廉颇愈加张扬,蔺相如却十分平静。最后,连蔺相如的门客们都忍受不了,联合起来劝说:"大家同朝为官,同是功臣,你为什么要怕他呢?他的地位比你低,却放出恶言恶语诋毁你,你不反击他,却要躲避他,这口气怎么忍得下?这种事,连普通人都会感到羞耻,何况你这样身居相位的高官呢!我们之所以别妻离子来追随你,是因为仰慕你的高义。现在看来,我们耻为你的门客,请你允许我们离开吧。"

蔺相如坚决挽留,问他们:"先生们认为廉颇与秦王相比,谁厉害?"

大家回答:"廉颇怎么能比过秦王!"

蔺相如于是说:"以秦王那样的威风,我都敢去战胜他,在大庭广众之下不留余地,羞辱他的大臣,挫败他的阴谋,难道会害怕同朝为官的廉将军吗?再说,廉将军不服有他的一面道理;只是他没有想到,大敌当前,秦国之所以不敢进犯赵国,是因为赵国文有蔺相如,武有廉将军罢了。如果我们不和,就如同两虎相斗,必有一伤,那赵国的灾难就要降临了。我们能置国家的危难于不顾,而去计较个人的恩怨吗?难道那是道义?那是英雄?廉将军是精诚报国的老将,他想到了这一层,定会理解我的做法。"

当时,赵国有一位坚决主张抗秦的大夫虞卿。虞卿把将相不

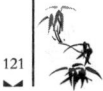

和的事看在眼里,急在心上,不时来往于蔺相如与廉颇之间,极力说服他们早日团结。

廉颇听虞卿告知蔺相如的崇高境界,愧疚难当,觉得自己站得太低,看得太小,不如蔺相如识大体、顾大局,人格高尚;为表示悔恨与和解的愿望,他袒胸露臂,背负荆条,亲到蔺相如府谢罪;从此二人结为生死之交,同为赵国干城。强秦看到赵国有蔺相如这样有德行、才识的重臣和勇于认错、讲求团结的大将廉颇,不敢轻易进犯。这就是历史上有名的"将相和"。

(李 怀)

孟尝君大度容高士

孟尝君,姓田,名文,齐相田婴的儿子,沿袭他父亲的爵禄,封于薛(今山东滕县东南)称薛公。活动年代约在公元前 330 年至公元前 270 年间。孟尝君在薛,广泛接纳宾客,不惜花费巨资;所纳宾客,上至治国安邦之士,下至鸡鸣狗盗之徒,最多时门下有食客三千。

有一天,一位名叫冯谖的宾客求见,那时孟尝君正在齐为相。他见到客人,问他有什么爱好,有什么特长,客人都说没有。孟尝君笑笑,说"诺",勉强接纳了他。孟尝君的左右见他这样的态度,

就给他吃粗劣的食品；不久，客人靠着柱子弹他的剑，唱着"长铗归来乎，食无鱼"；左右把这事告诉了孟尝君，孟说：给他鱼吃，像门下客人一样。过了一阵，客人又弹唱起来："长铗归来乎，出无车。"左右讨厌他不自量，但也得报告孟尝君，得到的答复是：给他配车，像门下客人一样。冯谖驾着他的车，到处炫耀："孟尝君客我"。又过了一阵，这位客人又弹唱起来："长铗归来乎，无以为家。"孟尝君知道后，叫人安排好他母亲的生活，不要使生活供应短缺；从此冯谖不再弹唱了。

秋收以后，孟尝君需要派人到他受封的薛地去收债，这是一个吃力不讨好的差事。孟尝君询问客人谁愿去？冯谖应声答道：我愿去。孟尝君问左右这是谁？左右告知"乃歌夫长铗归来者也"。孟高兴地向他致歉，说过去疏于向他请教；于是为冯谖准备车子，收拾行装，携带了债券，送他就道。行前，冯谖问回来时可要捎带点什么东西，孟尝君说，你看我们家缺什么你就带点什么吧。冯到薛地后，就召集那些欠债的老百姓过来，假托孟尝君的意思，对所有债款全部免除，然后他把带来的所有借契一把火全部烧掉；全场顿时欢声一片，高呼万岁。于是冯谖驱车回齐。孟尝君奇怪怎么这么快就回来了。问他捎带了什么东西回来。冯谖说，我看府上珍宝、美女、狗马都绰绰有余，真正缺少的就是"义"，我给你买了"义"回来了。孟尝君不解，冯谖就直言不讳地说：今君只有一块区区的薛地，您不像爱惜子女一样爱护当地百姓，反而向他们放债牟利，在我来看是不妥当的，所以我就假托您的意思，把这些债务都免了，并当众焚毁了借契，老百姓都欢呼万岁，这就是我给您买的"义"。孟尝君听了很不高兴，既凭空丢了一笔财富，又听了冯谖一顿数落；但他毕竟是一个豁达大度的国相，能听进不同意见；何况冯谖讲得确实有理，出发点是为他好。所以他只是说了一句："噢，先生去休息吧。"

过了一年,齐愍王以"寡人不敢以先王之臣为臣"为由把孟尝君给"炒"了。孟尝君失去相位,3 000食客都星散而去,独有冯谖跟随。孟尝君对世态炎凉很是感慨,冯谖多加劝慰。他们回到薛地,老百姓扶老携幼相迎于100里以外,使孟尝君深受感动,他对冯谖说,我看到先生给我买的"义"了。冯谖说,"狡兔有三窟,请为君复辟二窟。"

于是,他西游于梁,对梁王说,孟尝君有经时济世之才,谁得到他,就能国富而兵强。梁王信其言,派重臣,载厚礼,至薛诚聘孟尝君,孟听信冯谖的话,三聘而不就。齐王得知后,连忙遣太傅,载黄金千金,并致函承认自己的错误,要求孟尝君返国为相。孟又按冯谖的谋划,提出要齐王以先王的祭器,立庙于薛以示诚信。齐王答应,庙建成后,冯谖方拥孟尝君赴齐履职,从此为相数十年而安然无恙,都是因为有了冯谖这样的高参。

冯谖是个有远见卓识的战略家。他的才华深藏不露,并屡屡挑战孟尝君的度量。正因为孟尝君豁达大度,才获得这样的高士,成就了自己一生的事业。

(施 惠)

汉文帝的大度宽容和"文景之治"

★★★★★★★★★

"文景之治"是指汉初文帝和景帝执政的40年间我国古代一段繁荣昌盛的时期。

出现"文景之治",不能不提到文帝的大度宽容和他推行的诸多德政。汉文帝,名刘恒,即位前为代王。吕后死后,朝中以周勃、陈平为首的诸大臣联合消灭了篡政的诸吕,拥刘恒即位为文帝。

他的母亲出生于平民,他们母子多少知道一些人间疾苦,又借鉴亡秦的镜鉴,所以他执政后,较多地为贫苦百姓着想;他又胸襟开阔,豁达大度,能听进不同的意见,所以他的决策往往符合实际情况。

那时临淄有个医生叫淳于亮,在给人看病时出了事故,把病人给治死了;家属状告官府,淳于亮被判处"肉刑"(脸上刺字、割掉鼻子或砍去一只脚),并要押到长安受刑。淳于亮的女儿缇萦跟随父亲到长安,勇敢地给文帝写了一封信,大意是:一个人砍去了一只脚,就成了残废,割去了鼻子也不能再长出来,以后他们想悔过自新也没有机会了。我愿意到官府中充当奴隶,为父亲赎罪,让他有悔过自新的机会。文帝看了信很受感动,也觉得缇萦讲得有道理。他就同大臣们商议,决定废除肉刑,改为打板子。他还听从民众和大臣们的意见,废除了一人犯法,全家连坐(即被牵连一同判刑)的法令。

文帝比较谦逊,能听进逆耳之言。有一次他同郎中署长冯唐议政。冯唐向文帝介绍战国时期廉颇、李牧出色的才干和业绩。文帝听得入神,感慨地说:我怎么就得不到廉颇、李牧这样的大将呢,否则我也不会经常担忧匈奴的入侵。冯唐说,即使有了这样的人才,皇上也不会任用他们。文帝听了很生气,站起来就走。过了一段时间,文帝又召见冯唐,责备他不该在众人面前使他难堪;接着追问冯唐,你凭什么说我不能任用廉颇、李牧这样的人才呢。冯唐说,云中郡守魏尚就是这样的人才,连匈奴都怕他,不敢靠近云中郡。他在上报战绩的时候,审查不严,多报了6个人头,结果皇上就夺了他的封爵,还判了一年徒刑;赏太轻而罚太重;所以我才斗胆说了那些不该在群臣面前说的话。文帝听了顿悟自己处置魏尚不当,立即下令赦免魏尚,重新任命他为云中郡守,又把冯唐提升为骑都尉,统领全国的车战部队。

文帝始终实行轻徭薄赋,予民休息的方针。文帝时期,田税只相当原来的1/2,有12年免除了天下的田税;人口税,原来规定15岁到50岁,每人每年交纳120钱,改为40钱;徭役方面,原规定青壮年每人每年服役1个月,后改为每3年服役1个月。这些举措,大大减轻了人民的负担,有力地促进了生产。文帝生活俭朴,他在位23年,宫室、车、服饰都还保持原来的状态;他身穿黑色的粗厚衣服,宫廷帷帐上都不绣花纹;他规定自己实行薄葬。

景帝基本上奉行文帝时期的政策,还平定了七国之乱,使政权进一步巩固。文帝和景帝执政期间生产发展,社会安定,人民生活得到提高,西汉逐渐强盛起来。《汉书·食货志》记载,汉初至武帝即位期间,由于国内政治安定,只要不遇水旱之灾,百姓总是人给家足,郡国的仓廪堆满了粮食;太仓里的粮食由于陈陈相因,致腐烂而不可食,政府的库房有余财,京师的钱财有千百万,连串钱的绳子都朽断了。这是对文景之治形象的描述。

(施 惠)

陆逊忍辱负重破蜀兵

陆逊是三国时东吴名将,字伯言,出生于江南士族,自幼受过良好的教育,善谋略,曾与吕蒙定计袭击关羽,夺取荆州;在对蜀汉

豁达大度

的彝陵之战和对曹魏的石亭之战中都取得了辉煌的战果。

当初,陆逊还没有建功立业,但已经显示出超人的智慧和善于谋划的才能,每每论及天下大事和战争进退,都能准确无误地作出判断,所以深得孙权的器重。但由于陆逊年轻,资历浅,

有些大臣看不起他,不相信他能办成大事;有的还常在孙权面前议论他的是非,指责他的过错。

陆逊领兵在浙江平叛,人未还朝,弹劾他的奏章已经送到孙权面前。会稽(今浙江绍兴)太守淳于式指责陆逊在战事中,向老百姓征收的物资太多,给老百姓造成了困难和负担;孙权经过调查,发现奏章有些夸大。

战事结束后,陆逊回朝,孙权将淳于式的指责告诉了陆逊。陆逊只是淡淡地说:"向百姓多加征收的事是有的。"孙权问他淳于式的为人和政绩怎样,陆逊极力称赞淳于式是个好官。孙权奇怪地说:"淳于式告你的状,你怎么还要赞扬他?"陆逊回答:"淳于式告我的状,是他作为地方官员为地方说话。他说的事情虽然不完全符合事实,但他的出发点是好的,是为了维护当地百姓的利益。如果因为他告了我的状,我就不顾事实去说他的坏话,那我就是一个不正派的小人。"

孙权感叹道:"看来,你是一个忠厚正直的人,也是一个能经受委屈的人!"从此,对陆逊更加重用。

东吴黄武元年(公元222年),刘备倾巢出动,率大军75万、战将

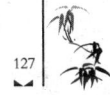

百员征讨东吴。大敌当前,孙权任命陆逊为大都督,统率朱然、潘璋、宋谦、孙恒等大将以5万人马抵拒蜀军的进攻。陆逊深知兵力悬殊,寡不敌众,于是命令各路人马坚守不战,待机而发。

陆逊的作战方针,受到了手下将领的怀疑;这些人,有的是劳苦功高的宿将,有的是身价不凡的皇亲贵戚,论资格、论地位都比陆逊强,有的根本看不起陆逊,不听他的指挥。

军心涣散,加重了形势的危急。陆逊按剑正色道:"刘备是闻名天下的英雄,连北方的曹操都怕他。现在大军压境,我们稍有疏忽,便会有负朝廷众望。国家的命运系于我们的身上,如果有谁违抗军令,我就要依军法惩处了!"

法纪制约了将领们的行动,但却管不住将领们的心;对于陆逊的坚守不战,怀疑、质问、辱骂、诽谤不时传来;弹劾陆逊的奏章,不断飞向朝廷,孙权一概置之不理。

陆逊在外有强敌、内遇不和的巨大压力下,一方面认真研究战争形势的发展,一方面耐心动员将士们备战,在严密的坚守不战中度过了7个多月,终于等到了蜀军疲惫、季风来临的大好时机。陆逊下达了出战的命令。当时蜀军营寨多用木栅构筑,而且地处峡谷,草木丛生,利于火攻。陆逊命令士兵每人带上一把茅草,接近蜀营即顺风点火,顿时火势熊熊,蜀军营寨化为一片火海;由于陆逊的周密部署,分路进行火攻,不多时蜀军40余座营寨都不复存在。刘备集合残部,拼命突围逃回白帝城(今重庆奉节东),不久即忧愤而死。彝陵之战的胜利不仅解救了东吴之围,而且促成了三国鼎立的局面。

战事结束后,大家总结取得胜利的原因,将领们都心悦诚服地承认主要归功于主帅的战争策略和当机立断的正确指挥;有些将领后悔当初不该轻视、甚至侮辱陆逊。

战后,孙权提升陆逊为辅国将军、领荆州牧、江陵侯。他问陆

逊:"当时你如何能够忍受部下那么多的不满和非议?"

陆逊说:"当初主公将重任交给我,我就没有打算轻松容易地完成。大家开始时不相信我,不懂得我的作战方针,是可以理解的,我怎么能去责备他们呢?大敌当前,应该团结一致,大家说几句话,我听了就是了,何必计较呢。从前蔺相如能容忍廉颇、寇恂能包涵贾覆的佳话,不是人人都知道的吗?"

孙权拍手赞道:"说得好,做得好!你知道我为什么会在这个危难之时任命你为统帅吗?就因为我深知你能够忍辱负重!"

这就是历史上有名的陆逊忍辱负重在彝陵大破蜀兵的故事。

(李 怀)

谢安大度治国从容破敌

* * * * * * * *

公元383年(东晋太元八年),东晋和前秦在今安徽省寿县境内南淝河两侧,爆发了一场大规模战争。当时东晋只有8万兵力,而南下的前秦拥兵百万。结果东晋大获全胜,前秦溃不成军,留下了"风声鹤唳"、"草木皆兵"等成语,成为我国历史上一次以少胜多的著名战例。东晋获胜有多种因素,其中主要是由于东晋主持军政的统帅谢安具有豁达大度的治国气度和运筹帷幄、决胜千里的韬略。

谢安,字安石,陈郡阳夏(今河南太康)人。出生于东晋名门望

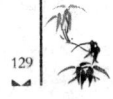

族,在德行、学问、风度等方面都有良好的修养;青少年时期的谢安就已在上层社会中享有较高的声誉;然而谢安并不想凭借出身、名望去猎取高官厚禄,朝廷曾多次征召,均为谢安所婉拒。时人曾说:"安石不肯出,将如苍生何?"在各方面的推动下,他40岁以后才出仕为官,先后担任侍中、尚书仆射,统领吏部并加后将军衔,所有任职都政绩显著。《晋书》对他的评价是:"(谢)安每镇以和静,御以长算。德政既出,文武用命,不存小察,弘以大纲"。意思是:谢安遇到变故总是异常镇静,以稳定人心;他着重从战略上规定正确的、又是宽厚的方针政策,文武官员都乐意去认真地贯彻实行;他从不在细小的问题上苛求于人,而是注意引导人们抓住纲领性的事情。由于他政绩斐然,朝廷不断升迁他的职务,淝水之战前他已是东晋主持军政的统帅。

　　谢安胸襟宽广,能够容人,处处以国事为重,不以个人好恶决定取舍。他以豁达大度的姿态,妥善调节江东王、桓、谢等名门望族的矛盾,使他们听命于皇室,从而增强了东晋统治集团内部的团结。公元371年,对东晋朝廷来说,是十分关键的一年。权臣桓温是个有才干的将领,他在任荆州刺史时率军收复蜀地,立下大功,而他篡晋的野心也日益暴露。咸安二年,晋简文帝逝世,太子司马曜即位,是为孝武帝。这时桓温以进京祭奠简文帝为由,率领重兵来到建康(今南京)城外,意在诛杀谢(安)王(坦之),废除幼帝而自为。帝命谢王前去迎接。桓温在新亭预先埋伏了刀斧手,才召见谢安和王坦之。当时,王坦之紧张得汗流浃背,把手中的朝板也拿颠倒了。谢安却从容不迫地就座,然后神色自若地责问桓温:明公何必在幕后埋伏士卒? 桓温只得尴尬地下令撤除了伏兵。由于谢安的机智和镇定,桓温始终没敢对二人下毒手,不久就退回驻地,一场迫在眉睫的危机,被谢安从容化解了。不久桓温病故。谢安以和谐安定为重,他没有趁机剪除桓氏集团,仍然信任和重用桓温

的弟弟桓冲，让他担任都督徐、豫、兖、青、扬五州诸军事和徐州刺史，负责镇守京口。桓冲也深明大义，对谢安十分尊重，将相关系的和谐，促进了政局的稳定。谢安的豁达大度深得当时朝野的普遍赞扬。

太元八年(383)，占据中国北方大部的前秦帝王苻坚亲率号称百万大军南下，志在吞灭东晋，统一天下；军情危急，建康一片恐慌。谢安依然是那样镇定自若，以征讨大都督的身份负责军事，派了谢石、谢玄、谢琰和桓伊等人率兵八万前去抵御。隔了一天，谢安率一些名士和自己的亲属到他在郊外的一座别墅去游玩，下围棋，观山景，整整玩了一天，到天黑才回家。谢安这样故作轻松，就是"镇以和静"，稳定大家的情绪。这天晚上，他把谢石、谢玄等将领，都召集到自己家里，把淝水之战的战略战术，每个人的任务一件件、一桩桩交代得很清楚；大家看到谢安这样镇定自若，也增强了信心，斗志昂扬地回到军营去了。

当晋军在淝水战役中大败前秦的捷报送到建康谢安官邸时，他正在与客人下棋。接到捷报文书，拆开草草一阅，便放在座位旁，不动声色地继续下棋，把这一惊天动地的重大捷报，视同处理一件无关紧要的文书；倒是客人觉得有点异样，遂询问文书内容，谢安淡淡地说了一句："小儿辈已经破贼了。"客人连忙起身道贺，谢安仍平静如常，邀请客人把棋下完。等到客人告辞以后，谢安返回内室的时候，才抑制不住心头的激动，跨门槛时举止失度，不小心把木屐底上的屐齿碰断了。淝水之战的胜利，使谢安的声望达到了顶点。

（施　惠）

陶渊明和他的《桃花源记》

陶渊明是东晋末年一位才华横溢的名士。当时的由于社会使他无法实现自己经时济世的抱负和才华,因而愤世嫉俗,隐居山林,过着野鹤闲云的生活;虽然朝廷屡次征召,但他终生不就;时人给他以"靖节先生"的崇高称号。他的这种豁达高雅的处世品格,历来为后世所称道。

陶渊明,名潜,字渊明,浔阳柴桑(今江西九江西南)人。为官宦世家,其曾祖父陶侃曾官至东汉大司马,祖父、父亲做过太守、县令一类的官,到陶渊明时家境已经衰落。他襟怀恬淡,早年在家读书,中年出仕,曾任彭泽县令。当时官场腐败,裙带成风,贿赂公行,正直人士在官场很难立足。他既不愿趋炎附势,与恶浊世道同流合污,遂萌生退志。公元405年秋,郡太守派出一名督邮,到彭泽县来督察。督邮,品位很低,却有些权势,他一到彭泽的旅舍,就差人去叫县令来见他。陶渊明不得不去见一见,在他准备动身时,县吏却拦住并告他:参见督邮要穿官服,并且束上大带;陶渊明长叹一声:"我不能为五斗米向乡里小儿折腰!"说罢,取出官印,把它封好,并留下一封辞职信,随即飘然而去。

陶渊明归里时曾写下了著名的《归去来辞》,记述了归途中的情景和心境。"归去来兮,田园将芜胡不归?"终于回家了呵,田园快要荒芜,为何不快点回来。"舟摇摇以轻扬,风飘飘而吹衣。"归

途中的景象。"乃瞻衡宇,载欣载奔,僮仆欢迎,稚子候门。"到家时的无比欢欣的情景。"悦亲戚之情话,乐琴书以消忧。"听到了亲戚们的知心话,享受到琴棋书画的乐趣。后来他写了自传文章《五柳先生传》,记述了自己回乡后的生活:"环堵萧然,不蔽风日,短褐穿结,箪瓢屡空。"住宿和衣食条件非常之差;但他"不戚戚于贫贱,不汲汲于富贵",而是创造了丰富的精神生活,"衔觞赋诗,以乐其志"。

陶渊明乐天知命,过着生活艰苦却精神愉快的隐士生活。但他是有理想的,这就是在《桃花源记》这篇脍炙人口的文章中描绘的那幅令人神往的画图。文章说有个渔夫沿着桃花源,通过山口,见到了一个新的世界:"土地平旷,屋舍俨然,有良田美池桑竹之属。阡陌交通,鸡犬相闻。""黄发垂髫,并怡然自乐。"见到渔夫,"便要(邀)还家设酒杀鸡相食。"他们说是避秦时乱,迁来此处,"不知有汉,无论魏晋。"其他人家也都请渔夫去款以酒食;停了数日,方才辞别回来;但以后再也找不到这个美好的地方。陶渊明描绘的这个世外桃源,是一个没有君主,没有赋税,没有剥削,人人劳动,人人平等的社会。这当然是一种空想,但却反映了人们期盼的一种社会,因此,千百年来,此文广为流传,经久不衰。后来经一些文人的渲染,使桃花源成为一个超尘出俗的神仙世界。还有不少文人墨客,跋山涉水,寻找桃花源的所在地。唐代以后,最普遍的看法是:以湖南省桃源县的桃花源为原型。唐代诗人王昌龄、刘禹锡、杜牧和宋代文人王安石、梅尧臣等都著文记咏此处桃源。当然,陶渊明只不过是把他的理想,通过桃花源以形象化的方式表述出来,实际上这个地方是不存在的。

陶渊明去世后,被葬于马回岭,墓碑上刻有"晋征士陶公靖节先生墓",墓旁有陶渊明古祠。人们永远怀念这位安贫乐道,坚持高风亮节的隐士。

(施 惠)

待人楷模

张英和六尺巷

安徽桐城,明清两代文人荟萃,是闻名遐迩的桐城文派故乡。因为有了六尺巷,张英的名字为人们津津乐道;桐城老街,有许多里弄、巷道,然而来游桐城的人,必先找到六尺巷看看。

张英,字敦复,清康熙进士,乾隆年间官至文华殿大学士兼礼部尚书。张英为官数十年,尤重修身养性,待人豁达大度,胸怀宽广。

张英的老家在桐城的西南隅,府第北边有一块空地,与吴家相邻,按理应各得其半;吴家盖屋砌墙,规划中占用了张家的空地,于是两家产生了纠纷。张英的地位虽然显赫,但吴家亦非等闲之辈,在当地是名门大户。两家势均力敌,各不相让,小小的县官也不敢过问。情急之下,张英的家人修书一封,紧急送到京城,当然是想要张英出面,对吴家施加压力,使之让步。

张英接到家书,心静如水,觉得没什么可争的,提笔在来信上批诗一首,原件退回。诗云:

千里修书只为墙,

让他三尺又何妨。

万里长城今犹在,

不见当年秦始皇。

张英的家人接书一看,豁然开朗,真可谓退一步海阔天空。于是慨然将自家地界退后三尺,礼让在先。

吴家本以为张家会以势压人,正准备较量一番。不料对方豁达大度,以高尚的美德正确处理了这个争执已久的问题。吴家愧疚之余,也将自家墙基后撤三尺。原本各不相让的墙基地,一下子闪出六尺来宽,两家砌墙后,形成了一条东西通达六尺宽的巷道。六尺巷由此得名,张英的豁达大度也被传为佳话。

还有一位与张英同时期的人,叫彭启丰,在宽厚待人、睦邻友好中与张英的德行相得益彰。

彭启丰,清雍正五年(公元1727年)状元,乾隆年间官至兵部尚书,老家在苏州。彭启丰不仅官高名显,而且写得一手好字。家乡的一个剃头匠在倾慕之余,模仿彭启丰的字体并以其名义伪制了一副楹联,张贴在铺子里;彭启丰的儿子偶然发现了这副伪制对联,十分生气,把剃头匠大骂一通,并逼其将对联撕了下来。

彭启丰回老家探亲,知道了这件事,赶紧吩咐把剃头匠找来;剃头匠见彭启丰亲自叫他,以为大祸临头了,吓得面如土色,畏畏缩缩不敢上前。

彭启丰将剃头匠请到堂屋坐定,拱手致礼,向他诚恳地道歉说:"我的儿子无知,冒犯了你这位高邻,这是我的过错。我虽然做官,但那是在朝廷里的事,回到家乡,我和大家是平等的乡邻,乡邻还有什么官民之分、高低之别吗?既然你看得起我写的字,我就专

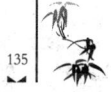

门为你写一副字送给你,也作为我和我儿子对你的赔礼吧。"

彭启丰恭恭敬敬地为这位乡邻写了一副对联,为了慎重,在上下联都落了款。剃头匠真是喜出望外,感动之余也为能有这样好的乡邻而自豪。

彭启丰待人平等宽厚,与张英的豁达大度一样,被世人传为美谈。

(李 怀)

胸怀坦荡的彭真

"文革"开始,就发生了所谓"彭罗陆杨反党集团"事件,其中为首的彭真,在监狱和流放中度过了12个春秋,但1978年12月他一回到北京就语出惊人:"要正确对待毛主席","计较个人恩怨不是共产党员",表现了他坦荡、博大的胸怀。

事情得从1962年"七千人大会"说起。那次会议着重是总结3年严重困难时期造成大量非正常死亡的经验教训。会议期间,彭真觉得中央领导应该作些自我批评,为各级党委作出表率,并给他们担些担子。他在大会文件起草委员会讨论起草报告时说:"毛主席的威望不是珠穆朗玛峰,也是泰山,拿走几吨土还是那么高。""如果毛主席的百分之一、

千分之一的错误都不检讨,将给我们党留下负面影响。"彭真讲过不久,陈伯达就抢着发言,他说:"彭真关于毛主席的话值得研究。我们做了许多乱七八糟的事情,是不是要毛主席负责,是不是要检查毛主席的工作?"尽管彭真的意见起了促进作用,毛泽东、刘少奇、周恩来和邓小平等中央领导都在这次大会上作了自我批评,但此事却被林彪、"四人帮"歪曲为"彭真蓄意反对毛主席"而给彭真带来深重的灾难。

由于毛泽东晚年的严重错误,特别是发动"文化大革命"给党的事业造成巨大的损失,在毛泽东去世后的一段时间里,党内和社会上都有一股否定毛泽东、否定毛泽东思想的思潮。如何正确评价毛泽东,如何正确对待毛泽东思想,成为我们党和国家面临的一个重大原则问题。

在这个原则问题面前,许多老同志包括"文革"中惨遭迫害的邓小平、彭真、黄克诚等都站出来旗帜鲜明地讲了自己的正确意见。邓小平讲的一段话,为大家所熟知:"毛泽东同志在长期革命斗争中立下的伟大功勋是永远不可磨灭的。""如果没有毛泽东同志的卓越领导,中国革命有极大的可能到现在还没有胜利……我们党就还在黑暗中苦斗。"

彭真在1979年4月复出后第一次参加的中央工作会议上在东北组发言说:"对毛泽东同志应当全面地看,所谓全面,就是历史的全面,现在的全面和未来的全面。""展望将来,我们应该举什么旗帜呢?如果我们放弃了毛泽东思想,不高举毛泽东思想旗帜,我们高举什么旗帜呢?""我们必须高举毛泽东思想的旗帜,否则必然造成全党全军全国各族人民的思想和整个革命阵线的混乱,使亲者痛,仇者快。"他的话同小平同志的话不谋而合,英雄所见略同。

彭真向新华社记者李尚志说:"没有毛主席,我们的革命不会成功,不会有新中国,不会有今天。毛泽东同志是我们的领袖,对

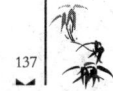

毛泽东同志必须全面看,在我心目中毛泽东同志还是我们的毛主席。"李尚志满以为彭真受了很大的委屈,定有苦水要倒。听到这些掷地有声的话,使他大为震惊和深受感动。

后来李尚志陪同彭真出差,他又听到彭真讲过毛泽东的一些往事,讲的时候都满怀深情。有一次到南昌,彭真定要到井冈山住上一夜。他说:"毛主席是我的老班长,是我们的领袖。"他说,当年他和聂荣臻从晋察冀到延安去开七大,知道开会是选领袖的,当时我们经过慎重考虑和反复比较,我们投了毛泽东的票,因为认为只有毛泽东才能带领全党和全国人民取得胜利。彭真还告诉李尚志:延安时中央党校的校训是毛泽东定的八个字:"实事求是,不尚空谈。"关于"毛泽东思想"的提法,毛泽东起初一直不同意,后来大家解释说"毛泽东思想"是大家奉献的、是集体智慧的结晶,由毛泽东集中起来的。这样解释毛泽东才同意了。

彭真在井冈山,到了三湾,他说:三湾改编是毛主席开拓江山的第一步,咱们照个相吧!后来到毛泽东在井冈山的几个旧居,彭真总是左看右看,看得很仔细,表现了对毛泽东的一片真情。

彭真晚年担任全国人大常委会委员长,他注重调查研究,特别是改革开放的经验;他用很大的精力主持我国的法制建设,作出了很大贡献;他关注首都建设,提出了许多具有远见卓识的建议。他度过了充实而有杰出贡献的晚年,其中最难能可贵的是向全党倡导正确评价毛泽东和正确对待毛泽东思想。

"海纳百川,有容乃大;壁立千仞,无欲则刚。"彭真所以能这样做,是因为他有博大宽广的胸怀,能够以大局为重,能够全面看问题,能够把个人恩怨抛在一边,永远精神焕发地在革命的大道上阔步前进。

(施 惠)

李宗仁宽容聚众歼敌

1938年4月6日,由中国第五战区司令长官李宗仁指挥的部队,在山东台儿庄一举歼灭了侵华日军矶谷师团主力1.1万余人,缴获火炮70多门,战车、汽车100多辆,步枪万支以上;消息传来,举国欢腾,祝贺函电纷至沓来,慰问物品堆积如山。

获得这次大捷有多种原因,其中李宗仁豁达大度,善待被蒋军嫡系排斥的"杂牌军",使将士用命,拼死杀敌,是这次战役获胜的一个重要因素。李宗仁一向待人宽厚,以其卓识、大度赢得了国民党各派系精英们的拥戴。在徐州会战中,他一如既往,努力团结云集徐州周围的各路将领,尤其是对所谓"杂牌军"优待有加,从而使将帅之间、各部之间和睦相处,保证了有效地协同作战。

庞炳勋是一位"杂牌军"的兵团司令,他久历戎行,那时已年逾花甲。1938年2月,日军板垣师团自青岛经莒县进逼鲁南重镇临沂,准备与南下的日军矶谷师团会师台儿庄;李宗仁调令庞炳勋部驰往临沂固守,当李宗仁见到这位资深的兵团司令时,执礼甚恭。庞如实告李:该部名为兵团,实际只有5个团,"中央"还严令裁撤1个团,所部枪支陈旧,子弹奇缺。李闻后当即与军令部交涉,使庞部编制不变,且补足所欠粮饷;李又很快给该部补充枪支弹药。庞炳勋感激不已,表示"天日在上,为国效力,万死不辞"。庞部到达临沂，即遭到板垣师团的猛烈攻击；庞亲自率部奋力抗击，虽伤亡过半，仍拼死坚守。

张自忠原是西北军宋哲元第二十九军的一位师长，以骁勇善战闻名。1935年底，宋哲元奉命出任蒋日妥协的产物——冀察政务委员会委员长，张自忠被宋委任为北平市长，七七事变后曾奉宋密令在市内以市长名义与敌周旋；外界不明真相，诬其为汉奸，张百口莫辩，在南京听候处置。李宗仁得知后，亲自找蒋介石、何应钦仗义执言，方使张返军复职；张自忠十分感激，表示当以热血生命报效国家，回报知遇。该军调第五战区后，先是奉派在蒙城、固镇等地同日军进行恶战，与兄弟部队一起将日军赶回淮河以南；后临沂方面吃紧，李宗仁准备调他去增援。可是他知道张自忠与驻守临沂的庞炳勋之间存有夙怨，原来他们都统属西北军，私交甚厚，后庞背冯投蒋，并突袭张部，二人从此结怨。李宗仁虽知此事，但临沂危急，别无他军可派，只好婉劝张顾全大局，捐弃前嫌，与庞部协同抗敌。张自忠闻言后，不假思索，慨然应诺。他率部以急行军抵达临沂城外，次日即倾全力向敌侧后发起猛攻，庞军也自城内杀出，两军内外夹击，板垣师团不支败退，张、庞两部合力穷追猛打90余里，直至敌军退入莒县城内。此战粉碎了板垣、矶谷两部会师徐州的图谋，为后来台儿庄大捷创造了条件。

川军邓锡侯第二十二集团军奉命出川抗敌。邓部也属"杂牌军"，因当局拖欠、克扣粮饷，曾有骚扰地方的事情，声誉欠佳，第一、二战区都拒绝该部进入防区，唯李宗仁热情欢迎，并及时为该军补足粮饷弹药，使川军士气大振。这时，日军矶谷师团在侵占济南后正沿津浦铁路快速南侵，气焰十分嚣张。李宗仁急调该部一二二师进驻津浦沿线的滕县，与进犯日军血战两昼夜，师长王铭章以下全师将士壮烈殉国。此战迟滞了日军进程，为在台儿庄围歼矶谷师团赢得了宝贵的时间

由孙连仲率领的第二集团军所属第三十一师及左右两侧的友军,是台儿庄正面防御阵地的主力,李宗仁优先给他们配备充足的武器弹药和食品供应,给官兵以很大鼓舞。他们以简陋的武器和血肉之躯顽强抗击日军的猛烈进攻,虽伤亡惨重也不后退。3月31日,日军投入更多兵力猛烈进攻,庄内有2/3地段失守,形势危急,三十一师池师长连夜组织敢死队,跑步冲进日军驻地,经过激烈的白刃战,将进入庄内的日军全部歼灭,而我57位敢死队队员只有13位生还。正是第二集团军顽强守住阵地,才为我二十军团从北边冲杀过来赢得时间,使矶谷军团陷入重围,赢得战役的重大胜利。

李宗仁以宽容大度团结各路将领和广大官兵赢得台儿庄大捷,一直在国民党朝野传为佳话。

(施 惠)

包容大度话义乌

中央电视台有个节目。主持人问:有一个调查,外国多数人知道的中国城市是哪一个?请猜答案。观众多数猜是上海或北京。主持人说。"错。是义乌。"

义乌处于浙江省中部的丘陵地带,现在是一座高楼林立、远近闻名的小商品国际贸易城。这里的40多万种小商品川流不息地销往全国各地和境外很多国家及地区,每天从这里发往世界各地的小商品超过1 000个标准集装箱;这里常住的外国商人及其亲属有8 000多人。在商城经营面积260万平方米、5.8万个商位面前,各种肤色人群摩肩接踵,欣赏、比较和选购多种多样的小商品,呈现一片繁荣景象。联合国一份文件中称:"义乌市是世界上最大

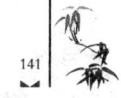

的专业批发市场"。

这样一个不沿边、不靠海、资源贫乏的县级市,竟然发展成规模空前的国际贸易都市,学术界称之为"义乌现象"。产生这种现象,有多种原因,其中主要应归因于义乌人的包容大度。

1982年9月,当改革开放的春风尚"起于青萍之末"的时候,义乌县委、县政府就甘冒风险毅然做出开放小商品市场的决策,对经营者从资金上扶持、税收上优惠、业务上指导、法律上保护,这才有了义乌小商品市场的形成和发展。

当义乌市场价廉物美的商品优势吸引众多外商蜂拥而至的时候,他们不仅不欺生、不排外,而是以包容的态度,满腔热情地接待和服务。当时外商集中住地红楼宾馆,曾是义乌最好的旅店,他们对长住的外商,每个标准间每月只收2 500元,即每天80余元。市内欧美、中东、中亚各种风味的餐馆举目可见。外商中有些穆斯林礼拜五要集中做祷告,宾馆为之找到能容纳千人的场所,免费提供使用。市内数以千计的各种外贸服务机构随时为外商提供信息、

金融、货运、通关等方面的服务，外商的安全也得到充分的保障。在义乌这样一个民族、宗教多元化的社会，多年来没有发生过重特大刑事案件和群体性事件，民调安全感满意率达97%。现在，长期居住在义乌的8 000外商中，有的已经购买住房；小孩大都已入托幼儿园，融入到中国小孩之中；不少人在汉语培训班学习汉语。种种迹象表明有位外商所说的话是真诚的："我们不仅自己喜欢这里，可能下一代还会待在中国。"

随着国际商城及其加工制造业的迅猛发展，义乌外来建设者（原叫"外来打工者"）日益增多，已达100多万人。他们有的务工，有的经商，有的从事农副业生产。为了增强他们的归宿感和主人翁意识，政府积极推行"外来人口本地化"的政策，以包容、平等的态度对待他们，逐步使流动人口在医疗、住房、就业、子女上学等社会保障方面享有市民待遇，让他们同当地居民一道，发展空间共存，生活资源共享，社会责任共担，经济繁荣共创。为了切实维护外来建设者的权益，义乌创建了较为完善的维权机制，化解了社会矛盾，促进了社会安定。这一做法受到了胡锦涛总书记的充分肯定。"海纳百川，有容乃大"，正是义乌人的包容、大度的态度，才使得这座商城人气旺盛，百万中外居民和睦相处，成为国家和谐社会的一个缩影。

在处理人与自然关系方面，义乌人同样表现了这种态度。他们以"碧水、蓝天、绿地、宁静、清洁"为目标，新增绿化面积1 100万平方米，使绿化覆盖率达到37%；建成日处理7万吨污水、1 200万吨垃圾的有机生物处理中心；为确保城乡居民饮水安全，买断上游水库5 000万方水资源的永久使用权。经过努力，已获得国家和省卫生城市、园林城市称号。

（施　惠）

谦诚待人

诚信是立身之本,创业之基,兴国之道。古人说:"人无信不立。""人而无信,不知其可也。"对待他人,务必要奉之以谦,推之以诚。本节13位传主身上闪现出色彩斑斓的道德光辉,正是对谦诚待人美德的最好诠释。

我国自古以来,谦诚待人的美德一直薪火相传。周公(姬旦)在周武王去世后,许下辅佐幼主的诺言,他"一诺千金",从此开始了夜以继日、呕心沥血、为国操劳的征程;他平定叛乱、分封诸侯、制定典章制度,七年间,常常"一沐三握发,一饭三吐哺",国家终于强盛起来。幼主成年后,他及时地把国家权力交给幼主,自己坦然退休。张良谦待黄石公,得到他的秘传,成为胸怀韬略的谋略家,在建立西汉政权中做出了重要的贡献。为建立东汉政权立下大功的冯异,从不言功,刘秀封他为阳夏侯,统率天下兵马,"夫唯不争,故天下莫能与之争。"(老子)坦诚自荐的毛遂,诚恳抵制皇上错误的尉迟恭,舍命营救赵氏孤儿的"双义",都是谦诚待人的典范。

谦诚待人的美德穿越千年时空隧道,到了近现代绽放出艳丽的花朵。国家主席刘少奇外出公干,不用专机、专列，却同民众一起挤在硬卧车厢里；他乘小轮沿江调研，突遇龙卷风，小轮在巨浪中颠簸，险象环生，他见到江面上有几艘木船濒临沉没，遂不顾个人安危，嘱咐船长火速营救，直至木船全部脱险；吴芝瑛舍命义葬秋瑾，黄佐临诚助钱钟书；何家庆舍生忘死科学扶贫；李嘉诚、霍英东以赤子之心，慷慨捐赠大量钱财，资助国家建设和民生工程；厦门普通洗脚妹刘丽以微薄的收入资助上百个贫困学生进入校门。这些闪光的业绩都是谦诚待人美德发出的耀眼光辉。

周公：谦诚辅国的光辉典范

周武王在公元前841年推翻了残暴的商纣统治之后，建立了绵延近八百年的周朝；但是这个英主在建朝后的两年就因劳累过度而去世。当时国家还没有完全稳定，太子还处幼年，因此人心惶惶。周朝高层的几个要员聚在一起商量，众说纷纭，莫衷一是；这时，武王的弟弟周公（名姬旦）站了出来，表示愿意承担辅佐幼主的责任；重臣姜尚等赞同周公辅政。从此周公就成了最忙碌的人，他日理万机，夜以继日地处理各项政务，提出各方面的治国方案。

这时，被推翻商纣的儿子武庚纠集了一些人起来发动了规模较大的叛乱。遗憾的是周公的弟弟管叔、蔡叔也参与了叛乱。周公毅然决定东征平叛，朝中虽有人反对，周公力排众议，坚定平叛，并亲率大军向叛乱集团发动了猛烈的攻击。由于正义在周公一边，经过三年的艰苦奋战，不仅平息了叛乱，而且使周朝的疆域扩大到山东全境、河北以北到辽东半岛；这次东征被看做第二次"灭商战争"，周朝的统治得到了空前的巩固。在平叛中，殷商残余势力四散逃往山东、山西、河北、辽东乃至朝鲜半岛，成了一次民族大

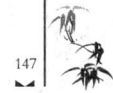

迁徙。在战争中俘虏了一大批殷商的贵族,周公没有处死他们,而是在洛邑营建了一个东都,把他们迁徙到那里,派重兵看守;这些贵族有行动自由,但不准违法;从而有效地消除了新建周朝的一个隐患。

周公在平叛后,就抓紧实施酝酿已久的分封诸侯政策;就是把原来商王朝的统治区,分割成大小不同的诸侯国,分封周朝姬姓的宗室子弟和建国有功之臣担任诸侯国王;原来商朝的民众也分给各诸侯管理。这样商人的反周势力就彻底瓦解了,周朝统治的版图也远远超过以往各朝。

周公参照商朝的礼乐制度结合周朝的氏族传统,制定了一套维护周朝统治的礼制和典章制度,使得周朝统治阶级内部和官民之间能够有章可循,有法可依,对维护周朝的统治也起到重要的作用。

周公摄政,辅佐幼主,前后达七年时间。七年间,他呕心沥血、废寝忘食地为振兴周室而努力工作,有"一沐三握发,一饭三吐哺"之说,表现了他公而忘私的精神,工作辛苦的程度和谦逊诚恳的风尚。

周公的辛勤劳动,结出了丰硕成果。当幼主能够亲政的时候,周朝已是一个国富民丰,社会安宁的强大的国家。他把执政大权交给了幼主成王,自己坦然引退。由于周公奠定的良好基础,成王、康王时期是周朝极盛的时期,史称"成康之际,刑措四十年不用";意思是国内社会安宁,对外没有战争,40年间,对囚犯的刑罚、对外的防务举措都没有派上用场。周公在我国历史上做出的重大贡献,已经载入史册。

周公在辅政期间,无微不至地关怀着年幼的成王,有一次,成王病得厉害,周公很焦急,就剪了自己的指甲沉到大河里,对河神祈祷说:"今成王还不懂事,有什么错都是我的。如果要死,就让我

死吧。"后来成王果然病好了。周公归政成王后,不再干预朝政。这时有人在成王面前进谗,周公知道了就到楚地去居住,用以避嫌。不久,成王知道自己生病时周公的祷辞,感动得流下眼泪,立即派人去楚地将周公迎回来。周公回到国都以后,仍忠心耿耿地为成王出谋献策,为周王朝的巩固和发展作出了重大贡献。周公逝世后,成王把他葬在毕邑文王墓的旁边,以示对周公的无比尊重。孔子的儒家学派,把周公的人格作为最高典范,他毕生最高政治理想是周初的仁政和周公建立的礼乐制度。

(施 惠)

赵氏孤儿和救孤"双义"

在京剧中有一出著名的戏叫《赵氏孤儿》或《搜孤救孤》,它是根据一个真实的故事改编的,这个故事发生在战国时代的晋国。

约在公元前610年,晋灵公是晋国的国君,他信任一个专会逢迎拍马的奸臣屠岸贾,两人在一起做些伤天害理的事情,例如他们把活人绑在树上,当作弹弓的靶子,老百姓被打得哭爹叫娘,他们却兴高采烈,哈哈大笑。相国赵盾是一位操守严谨,德高望重的老臣,对他们的恶行,屡次进行规劝乃至严肃批评;晋灵公对他既恼恨又畏惧,曾经纵容屠岸贾雇凶杀害赵盾,未能得手。又采纳屠的诡计：一次早朝后，灵公把赵盾留下宴饮。席间灵公对赵盾说："听说相国有一柄好宝剑，能给寡人看看吗？"这使赵盾很为难。如果从腰间抽出宝剑，立刻就犯了弑君的死罪，因为在君王面前是不准持有任何武器的；如果不拿出来，又会犯抗旨不遵的大罪；这就是屠岸贾设下的毒计。正当赵盾为难之际，他的随身护卫提弥明从阶下快步上前，高声说道："臣子侍候国君宴饮，礼不过三爵，相国该走了。"一把拉住赵盾就走。屠岸贾的诡计落空了。

数年后，赵盾已经去世，赵国国君也由灵公、成公传到景公。他也是一个昏君，也重用对他逢迎拍马的屠岸贾，并且言听计从。屠岸贾诬陷赵盾结党营私，朝臣中多为赵氏子孙及其心腹，此乃君王的大患；又说他亲见赵盾曾想抽出宝剑来刺杀灵公，篡夺国家的最高权力。他编造的这些谎言为景公所深信，遂决定叫屠岸贾拿着他的令牌去抄斩赵氏全家。有人连夜给赵家通了信，赵盾的儿子赵朔设法把怀孕的妻子庄姬送进宫里藏了起来，希望能留下一点赵家的骨肉；第二天，赵家惨遭满门抄斩。屠岸贾亲自督促执行，并查点人数，发现少了庄姬，知道藏在宫中，遂派人严密监视。后来庄姬生了个儿子，对外就说是生了个女儿，而且已经死亡；屠岸贾不信，也不敢进宫搜查，就更加严密地监视庄姬，同时悬赏捉拿赵氏孤儿，风声越来越紧。

赵家有两个忠实的门客，叫程婴和公孙杵臼，他们两人商议，像这样下去，孤儿的生命难保。他们想了一个办法，不过他们都要做出巨大的牺牲；就是程婴把自己的儿子冒充孤儿，交给公孙杵臼，让他们去首阳山藏起来，然后由程婴去告密，再由他带领屠岸贾去捉拿他们，这样就能消除屠岸贾的疑虑，保障孤儿的安全。

当程婴目送公孙杵臼带着自己的孩子远去的时候，心里一阵阵疼痛；过了一天，他强忍悲痛，找到屠岸贾去告密。屠听后大喜，表彰了程婴，并许以厚赏。他率领狐群狗党和兵丁叫程婴带路，到

达首阳山,派兵把整座山峰包围起来,然后进行搜查;果然在一处密林中发现了公孙杵臼和一个小孩;程婴指认了他们。公孙杵臼大骂程婴是忘恩负义的小人,今后一定不得好死。屠岸贾当即一刀把他砍死,又一把抢过孩子,猛地向地下摔去。程婴眼看着亲如兄弟的同伴被杀,自己的孩子被摔得脑浆迸裂,心痛如绞。屠岸贾摔死孩子后,认为赵家已经斩尽杀绝,遂撤销了对庄姬的监视;程婴在周密的安排下,把孤儿从宫中接出,带着他到盂山藏匿起来,并把他抚养成人。

15年后,晋悼公接位,他根据许多大臣的奏报,诛杀了屠岸贾,给赵家平了反。孤儿赵武被封了重要职位。大家要给程婴封赏,却被他坚决拒绝。他说,15年前我所以不死,是要把赵武带大,现在我的任务已经完成,岂能让公孙杵臼独自去死;说完拔剑自刎而死。赵武抚尸痛哭,命人把程婴和公孙杵臼合葬于云中山,其墓碑为"双义"。

(施 惠)

毛遂自荐果胜重任

战国后期,公元前262年,秦将白起率大军包围韩国的上党,上党郡守冯亭以地献给赵国,引发了秦赵在长平(今山西高平西北)大战;赵国大将廉颇坚守长平达3年之久。公元前260年,赵国中了秦军的反奸计,改任赵

括为统帅。赵括空谈兵法，不务实际，率大军盲目出击，秦将白起在正面诈败后退，诱赵军深入到不利的地形，另以两支奇兵袭击赵军后路。结果赵军被围，困守46日，无法突围，赵括被射死，赵军400 000多万降卒全被坑杀。消息传来，赵国举国上下一片惊骇。从此，国力大伤，一蹶不振。

3年后，秦王又派大将王陵领兵200 000围困赵国都城邯郸，赵国危在旦夕。赵孝成王让平原君赵胜设法搬取救兵，解救邯郸之围。

平原君是当时天下有名的贤士，平时广纳人才，门下食客3 000。国难当头，正是用人之际，他想从门客中精选出20名文武双全的外交人才，带他们到强大的楚国去说服楚王，搬取救兵。平原君思来想去，只选中了19人，还差一人，却选不出来。这时，一个叫毛遂的门客挺身而出，自告奋勇随平原君前往楚国。

起先，平原君不记得自己的门客中有毛遂这个人，便不以为然地问："先生来我这里几年了？"毛遂回答："3年。"平原君笑道："我听说有一个比喻：人才就像锥子装在口袋里一样，它的锋芒会立即冒出来的。现在先生已经在我这里呆了3年，我怎么没有见到先生有什么作为，也没有听到左右的人提起过你的长处呢？"

平时不显山、不露水的毛遂，才思敏捷，善于直截了当地点明问题的实质。他立即回答平原君："那是你没有把这把锥子放进口袋里。"

门客们听了，窃窃私语："他可能还没有意识到这次使命的重大，这可是关系到国家存亡的大事啊！"

毛遂说："我们平日受到国君的重视，享用公子的食禄。现在国家有难，能不挺身而出吗？就请试试我这把锥子的锋芒吧！"

平原君听罢，决定带毛遂同去楚国。

到了楚国，平原君在宫中与楚王谈判联合抗秦，门客们在阶下

等候。但是谈判从早上一直到中午毫无进展,楚王始终下不了抗秦的决心。毛遂唯恐事态有变,当机立断冲进宫去,直截了当地说:"秦国威胁的不只是赵国,联合抗秦是楚赵两国共同的事,为什么会久谈不决呢?"楚王问:"这个人是谁?"平原君回答:"这是我的一位门客。"楚王向毛遂斥责道:"还不快下去,我同你家主人说话,你算是干什么的!"

毛遂沉着应战,按剑上前说:"秦国背信弃义,以强凌弱,是众所周知的事;楚赵联合才能抵御暴秦,也是人人明了的道理。这样显而易见的事情大王所以迟迟不决,而且敢于当着我主人的面斥责我,是因为您过高地估计了自己的力量;实际上大王的力量是有限的。近处,您的士兵无法制约我,10步之内您的性命倒是操在我的剑下;远处,秦军屡犯楚疆,一个小小的秦将白起就能任意攻城略地,楚国的耻辱难道大王忘记了吗?楚国救人,实际上也是救己;赵国求救,实际上也是救人。两国的利益完全一致,为什么迟迟不能联合呢?"

毛遂仗义执言,一语道破了问题的实质。楚王心服口服,当场表示说:"先生的话合情合理,我愿意联赵抗秦。"毛遂不失时机地对楚王的臣下说:"大王已明示旨意,快拿牲血来与我家公子誓盟!"

于是,楚王与平原君歃血为盟,派春申君为将,率兵救赵,终于解除了邯郸之围。

"毛遂自荐"遂成为我国一句勇于自我担当重任的成语。

(李 怀)

待人楷模

张良谦待黄石公

"海不辞水,故能成其大;山不辞土,故能成其高。有谦乃容,有容方成其广。"这是谦虚能使人进步的原因。

谦虚不仅是一种美德,谦虚者能赢得他人的友善和关照,为事业的成功打下良好的基础。

汉初名臣张良,字子房,传为颍川城父(今安徽亳州市谯

城区东南)人,祖父与父亲相继为韩昭侯、宣惠王等五世之国相。秦灭韩后,他图谋恢复韩国,结交刺客,在博浪沙(今河南原阳东南)以大铁锥狙击秦始皇未中,被秦始皇追杀。后来他逃亡到下邳(今江苏睢宁北),因为他能谦虚待人,赢得了隐士黄石公的信赖,传以《太公兵法》,后来果然成就了大事。

当张良亡命在下邳时,一天独自漫步桥头,看着荒芜的田野、破败的城垣,不由想起自己未能剪除暴秦,反被秦兵通缉追杀,心中涌起一股惆怅;他正在桥上踯躅,忽见一位皓首老翁,身着黄色短衣,向他走来;行至近前,老人的一只鞋掉下桥去。老人对张良说:"年轻人,你下桥去,把我的鞋子拣回来。"张良虽与老人素不相识,但看对方须眉皆白,手持竹杖,显然行动不太方便,于是二话没说,跑下桥去,拣回了老人的鞋子。岂知老人坐在地上,把脚一伸,说:"既然拣来了,你就给我穿上吧。"张良一愣,心里有些不太自

然;他出身贵族,还从来没有替别人穿过鞋子。但转念一想,老人既然提出了要求,自然是有他的道理,年轻人举手之劳,为什么不能帮助别人呢?于是跪在地上,恭恭敬敬地为老人穿上了鞋子;事毕,老人不但不谢,反而长笑而去。片刻老人又返回对张良说:"看来,你是一个谦恭有为的人,孺子可教啊!"张良急忙跪拜道:"我还年轻,经历得太少,请长辈指教!"老人也不多言,只是点点头,约张良五日后早晨在桥上相见。

5天过去了。张良黎明起身,来到桥上,不料老人已经在此等候了。老人生气说:"你跟老人约会,应该早到,为何要我等你,今日且回,五日后再来会我!"

又过了5天,张良格外留心,鸡鸣便起,早早来到桥上等候。不一会儿,老人到了。这次老人高兴笑道:"看来你是一个谦恭又讲诚信的人,将来一定能成就大事,我愿意把我知道的事全教给你!"说着,从袖中取出一部书来交给张良,说:"读此书则为王者师,后10年你会发迹。"并谆谆嘱咐他要细读多想,必有所成。

张良小心地接过书,恭敬地告别老人,待到天亮翻开一看,原来是一部《太公兵法》!

从此,张良静下心来,熟读兵法,用心思考天下大事,终于成了一个深明韬略、足智多谋的谋略家;在秦末的农民战争中,张良成为刘邦义军的重要谋士和"智囊"。在楚汉战争期间,张良提出不立六国后代,联结英布、彭越,重用韩信等重要策略,又主张追击项羽,歼灭楚军,都为刘邦一一采纳。汉朝建立后,张良作为功臣被封为留侯。胜利后刘邦在大宴群臣时,向大家提问:"我所以取得天下的原因是什么。"大家讲了许多条,刘邦都摇头,他说:"运筹帷幄之中,决胜千里之外,吾不如子房;镇国家,抚百姓,筹办军饷,不绝粮道,吾不如萧何;统兵百万,战必胜,攻必克,吾不如韩信。此三人皆人中之杰。吾能量才使用,这才是吾所以得天下的主要原因。"

民间传说,当初教导张良的是黄石公,13年后张良如约在济北找到了他,原来竟是一块黄石,真神人矣!当然,这是神话,不足为凭。

(李 怀)

冯异谦逊不言功

西汉末年,外戚操纵政权。公元8年,王莽先后毒死汉平帝,废黜"孺子"刘婴,自称皇帝,改国号为"新"。王莽进行复古改制,使政治更加腐败,经济趋于崩溃,各地义军揭竿而起,身为汉皇族支脉的刘秀为首的武装便是起义军中的一支劲旅。刘秀以恢复汉室为号召,率军转战南北,苦战数年,终于战胜了新莽王朝,击败了众多对手,建立起东汉,是为光武帝。

光武帝刘秀有一位甘苦与共、战功显赫的大将冯异,字公孙。新莽时曾任郡掾,后追随刘秀出生入死,在河北参与消灭王郎割据势力,并击败铁胫等农民军。在诸将并坐论功时,他总是退避树下,不争不要,默默无语,军中因号为"大树将军"。

在与王郎的对峙中,刘秀曾被王郎围困于河北,形势岌岌可危。刘秀的追随者中有不少人离他而去,而冯异却坚定不移,恭谨

如初,最困难的时候,宁肯自己饿肚子,也要把找来的一点豆粥、麦饭进献给饥困中的刘秀。后来,刘秀率领忠勇将士突围成功,转败为胜,平定河北,冯异在其中战功赫赫。

实现了战略性的胜利,刘秀对部下论功。众将纷纷邀功请赏,却见冯异独自坐在大树下,心境平和,视若与己无关,只字不提饥困中共渡难关的事,也不提突围中奋勇杀敌的战功。人们看见本应居于首功的"大树将军"如此谦逊礼让,也都不好再争功标榜了。

刘秀登位后,封冯异为阳夏侯,任征西大将军,承担起在军事上统一全国的重任。公元26年,冯异率部在崤底大败赤眉起义军,使对方主力丧失殆尽,奠定了东汉的统治基础。刘秀驰传玺书,要论功行赏,"以答大勋"。冯异无意于自己的功劳,来不及领赏,即马不停蹄地进军关中,讨平陈仓、箕谷等地乱事,完成了统一大业。嫉妒他的人诬告他不恭,刘秀不为所惑,在冯异班师回朝时,当着公卿大臣的面赏赐他,并讲述当年豆粥、麦饭之恩,使那些为了与冯异争功而进谗言的人无地自容。

刘秀是中国历史上为数不多的不杀功臣的开国皇帝,恰遇到这样一位不争功不自傲的"大树将军"冯异,真可谓珠联璧合,堪称佳话。

我国民间,也历来把勤做实事、不居功、不争宠看做是一种美德。

江南有一家大户,父亲和众多的儿子勤奋一生,挣得了一份可观的家产。父亲在临终时,想选定一位继承人,来掌管家产和开拓未竟的事业,兄弟间开始你争我夺。

有的说:"某年某月,天气大旱,是我引来西山之水,灌溉千亩田产,否则就颗粒无收。"

有的说:"某年某月,山洪暴发,是我主持起堰,否则家园都没有了,要田产还有何用!"

有的说："某年某月，船行江中，是我发现了漏水，否则全家的性命就没有了，没有了性命，田产家园都没有用！"

只有一个在父亲身边端水送药、伺候大小便的儿子不声不响，默默做着自己该做的事情。而在大旱之年，凿通西山之泉的是他；在山洪欲来，背父亲逃离险境的是他；行船进水，以身堵漏的也是他。

父亲决定把继承权传给这个儿子，因为他有"德"，居功不傲，心地平和。只有把继承权交给他，事业才能有成，兄弟们才能平息争吵。

老子说："夫唯不争，故天下莫能与之争。"多做实事，少争虚名，才是大智大德的选择。

（李　怀）

尉迟恭坦诚违圣命

旧时我国有些地方民俗：在大门上贴门神像，一边画的是秦叔宝，一边画的是尉迟恭。相传唐太宗生病，听见门外有鬼魅呼号，无法安眠，第二天告诉群臣。朝中大将秦叔宝和尉迟恭奏请愿为唐太宗看守宫门，太宗准奏；是夜，二人全副武装立于宫门之外，果然奏效，太宗安眠无事。以后夜夜如此太辛苦，太宗便令画工作二人肖像，悬于宫门

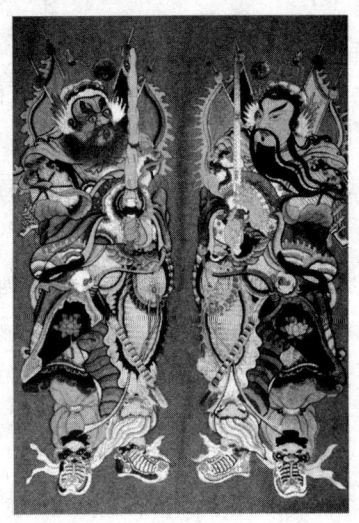

左右,这就成了门神的来历。后世沿袭成为习俗,家家张贴门神像,用以镇邪。

传说中的尉迟恭,是一员有勇无谋的莽将军。但据唐史的记载,尉迟恭却是一位深明大义、和而不流的君子。在非原则问题上,谦和礼让,宽厚仁慈,多点糊涂,少点执拗;但在大是大非面前,保持清醒头脑,不随声附和;见不义不善之举,努力阻止和纠正。在这种时候,不管他是谁,是朋友、是上司、是长辈、甚至是皇帝,都不以自私的原因而趋附,哪怕冒着风险,受着委屈,甚至被别人误解,都不违心附和。尉迟恭虽是个武人,身居要职,能和而不流,确实难能可贵。

有一次,唐太宗在宫中与吏部尚书唐俭下棋。唐俭是个直性子的人,平时不善逢迎,又逞强好胜,语言偏激;这次与皇帝下棋时,一时兴起,竟使出浑身解数,丝毫不留情面,在棋盘上把唐太宗打了个落花流水。唐太宗虽然有较好的修养,此时竟也心中大怒,想起唐俭平时的种种不恭敬,更是难以抑制心头之愤;于是当即下旨将唐俭贬为潭州刺史,还不甘罢休,又叫人将尉迟恭宣进宫来,对他说:"唐俭对我这样不敬,我要借他的事来儆诫百官。但是现在还找不到定他罪名的把柄。所以我要你到他家里去一趟,打听一下他对我现在的处理是否有怨言,如果有,即可以定他的死罪。"

尉迟恭(公元 585~658 年),字敬德,朔州善阳(今山西朔阳县)人,是唐朝的开国元勋,不仅战功卓著,而且在唐武德九年(公元 626 年)玄武门之变中,帮助李世民夺得了帝位。尉迟恭深得唐太宗李世民的信赖,看做心腹,所以才把这样的任务交给他。

尉迟恭是不赞成唐太宗这样对唐俭罗织罪名的。如果说唐俭对现在的处理毫无怨言,那是不真实的,也是不合乎情理的,唐太宗更是不会对这样的结果而甘心的;如果说唐俭有怨言,任唐太宗去发落,那不仅是害死唐俭,也使唐太宗因此而留下不仁不义的恶劣名声,尉迟恭本人也做下一件违背良心道德的坏事。所以,第二天唐太宗问起唐俭的情况时,尉迟恭坚持沉默,不去回答唐太宗的提问,逼急了,尉迟恭说:"恳请陛下再好好考虑一下这件事,到底怎样处理才合乎治国的大义。"唐太宗看见心腹大臣都不站在自己一边,气极了,竟把手中的玉版摔得粉碎,转身就走;尉迟恭仍然沉默,绝不改口,毫无讨好卖乖的意思。

唐太宗到底还是个通达事理的明君,冷静下来以后觉得自己无理,同时也为了挽回面子,决定召开一个三品以上官员参加的宴会,来融洽君臣关系,重塑自己的形象。

宴会上唐太宗宣布说:"今天是为了表彰尉迟恭的品行。由于他坚持不说假话,不说只有我爱听的话,因此成全了3个人:一是唐俭得以免死,使他有再生之幸;二是朕也由此免了枉杀的罪名,使朕有知过改过的机会;三是尉迟恭自己也免去了构陷他人的罪过,保持了他的人格和节气。因此赐尉迟恭绸缎千匹。"

尉迟恭坚持坦诚待人,不说假话,即使是皇帝的错误主张,也不随声附和,更不去推波助澜,这种德行将永远垂范后人。

(李 怀)

吴芝瑛冒死义葬秋瑾

****

吴芝瑛是晚清集诗书文于一身的桐城才女,也是一位仗义行侠的奇女子。她同鉴湖女侠秋瑾在北京相识,一见倾心;两人都饱读诗书,精通文墨,又思想进步,倾向革命;彼此唱和,互相引为知己,遂结为金兰。1904年吴芝瑛资助秋瑾赴日留学,在饯行时她怅然写道:"驹隙光阴,聚无一载;风流云散,天各一方"。在日本秋瑾

参加了同盟会,往来于东京、上海之间,为革命奔波;后秋瑾回沪创办《中国女报》,提倡女权,鼓吹革命,吴芝瑛也大力资助。

1907年4月,秋瑾与徐锡麟于绍兴密谋在皖、浙同时起义。7月6日徐锡麟在安庆发动了巡警学堂起义,虽击毙了安徽巡抚恩铭,但起义被清军镇压。皖浙同时起义事泄,秋瑾被捕,审讯时她仅写了"秋风秋雨愁煞人"7字,闭口不答一词,7月15日从容就义于绍兴轩亭口。她的族人害怕受到株连不敢收葬烈士遗体,其兄赶回绍兴草殓暂厝。烈士就义的噩耗传到北京,吴芝瑛正在重病之中,闻讯后悲痛欲绝,抱病撰写了《秋女士传》、《记秋女士遗事》二文,详记秋瑾舍身报国和视死如归的高尚情怀。她在大病初愈后,就冒着生命的危险,毅然在杭州西泠桥畔买下了一块墓地,冒着漫天大雪,将烈士遗柩从绍兴移至新墓地安葬。吴芝瑛亲笔题写墓碑《呜呼鉴湖女侠秋瑾之墓》,在哀读祭文时声泪俱下,痛哭失声。

吴芝瑛哀葬秋瑾后,回到上海寓所小万柳堂,在堂中供奉烈士的遗像,将堂名改为"悲秋堂"。并书写了一副挽联:"驱除鞑虏,恢复中华,志未酬,香已消,秋风秋雨山阴道;义结金兰,情同手足,妹荣归,姐耻在,切齿切骨万柳堂。"

吴芝瑛义葬秋瑾一事博得国内外革命志士和广大民众的拥戴和钦佩。却触怒了清廷及其鹰犬;清廷下旨平墓毁碑,拿办吴芝瑛。那时吴芝瑛正在一所德国人开办的医院治病,有人劝她暂不出院,"藉以避风";吴芝瑛认为宁可追随烈士于泉下,绝不仗外人来保护自己,遂毅然抱病出院,等候入狱。清廷拿办吴芝瑛之举,

引起舆论大哗；有识之士纷纷上书，指出"朝廷律令，固无不许掩葬罪骸者"，认为吴芝瑛此举并不违反法度；美国友人麦美德女士也为之鸣不平，她在天津出版的英文报纸《泰晤士报》上发表文章说，现在清廷正迫使"一个仗义女子由病院而入牢狱待死"，还在头版刊登吴芝瑛大幅照片。迫于中外舆论的强大压力，清廷不得不收回严办吴芝瑛的诏令。秋瑾烈士墓被清廷平毁，辛亥革命胜利后由孙中山下令于原地重建。

吴芝瑛义葬秋瑾的壮举，被编成大型舞台剧黄梅戏《风雨丽人行》，形象地再现了吴芝瑛置生死于度外，义葬秋瑾的事迹，通过救秋、祭秋、葬秋等场景，刻画了吴芝瑛义薄云天的巾帼英雄本色，表现了吴、秋姐妹之间的生死情怀。秋瑾遇害后，吴芝瑛冒着生命危险，在自己的寓所小万柳堂内专门建了悼念秋瑾的建筑"悲秋阁"。阁中有平台，供有秋瑾身穿和服手持宝剑的大幅遗像；前方供有鲜花果品；吴芝瑛还抄写《楞严经》一部藏于阁中。现在"悲秋阁"匾额已成一级革命文物，是秋瑾故居纪念馆的镇馆之宝。

吴芝瑛怀有一颗忧国爱民之心。庚子之役后，清政府为向列强偿付巨额赔款而横征暴敛，黎民百姓难得温饱；吴芝瑛走上街头，展纸磨墨，挥毫卖字，并出售自制的《小万柳堂》字帖，得资数万，全部作为捐款。吴芝瑛于1934年去世，遗作有《吴芝瑛诗文集》等5种。

（施 惠）

刘少奇和人民群众心连心

刘少奇曾被誉为"白区工作的杰出代表"，"中共的主要理论

谦诚待人

家"。他在民主革命和社会主义革命、建设中作出了巨大的贡献,是开国元勋之一。他长期担任党和国家的主要领导职务,曾任中共中央副主席、国家主席。他作风朴素,平易近人,和广大群众心连心,受到人们的衷心爱戴。

1958年7月12日傍晚,从天津开往济南的列车车厢里异常闷热。这列列车倒数第三节硬座车厢里,走上来一位身穿白衬衣、灰布裤子、头发有点花白的旅客,他在安顿好自己的行李后,坐在自己的座位上。这时,一位女列车员过来给旅客倒水,她看到这位旅客后,略加思索,不禁脱口而出:"这位不是刘委员长吗?"是的,这正是人们亲切称呼的"少奇同志"。他不派专列,不坐专机、专车,甚至也不坐软卧、硬卧,却跑到这乱哄哄的硬座车厢里来;坐在他旁边的一个年轻人,是他的警卫员曲淇玉。刘少奇笑着站起来同列车员握手:"你好,你们辛苦了,我搭你们的车到济南去。"周围的旅客闻声都走过来同平易近人的少奇同志打招呼、握手,有一群中学生更是亲切地围着他,有的还依偎着刘少奇的肩膀。

当学生们离去休息的时候,刘少奇与同车的江西省都昌县农业考察团带队、该县的副县长张君亮交谈都昌县的一些自然地理和生产情况,在得知考察团是专程到北京参观农业技术改革展览会的,就鼓励他们克服困难,积极搞好农业技术改革;接着,刘少奇又和身旁的几位旅客拉起家常,车厢里一片欢声笑语。夜里1点30分,列车到达济南站,刘少奇站起来笑着对大家说:"我到站了,你们休息吧,再见!"旅客们站起来同刘少奇依依惜别。

1960年4月的一天晚上，刘少奇为了最后认定葛洲坝的坝址进行调查，乘坐一艘小型客轮，沿长江从宜昌返回武汉；他在忙碌了一整天之后，正在抓紧时间读几份亟待审批的文件。忽然，江面上狂风大作，暴雨倾盆而下，小山似的巨浪腾空而起，重重地摔在甲板上，客轮剧烈地颠簸起来。老船长凭他的多年经验感觉到这是遇到了险恶的龙卷风。他发出一道道命令，船员、水手们都在为抗击这次险恶风暴紧张忙碌，大家都希望能使这条载有国家主席的轮船平安无事。

为了看清航道，船长下令打开探照灯，雪亮的光柱投向江面。突然人们发现前方有两只小木船在咆哮的巨浪中上下翻腾，像是两片风浪中的树叶，情况万分危险。这时，刘少奇出现在船长旁边，他指示船长：马上救援这两只遇难的小船。船长为难起来："可是，我们首先要保证您的安全。"刘少奇果断地说："不能因为我个人的安全而不去拯救群众。现在救人要紧。"船长只得执行他的指示，他把稳航舵，努力克服浪涛的推力，使轮船靠近小船，水手们用链索把自己固定在船栏上，探身舷外，把小船上的人一个个拉上甲板，然后用绳索把小木船和客轮联结在一起。这时刘少奇又发现还有几只小船在浪涛中挣扎，他又指示船长把轮船开到小船旁边，横过来，为小船挡风，并放下缆绳，把小船牢牢系住，把船上的人一一接上轮船。当看到小船和船民都已脱险，刘少奇才放心地点燃一支香烟，回到船舱继续阅读文件。

第二天早晨，江面已风平浪静。连接小船的缆绳解开，被救上来的船民，紧紧握住船长和水手们的手，激动地告别了客轮。当他们知道这是国家主席所乘坐的轮船时，止不住热泪盈眶。

就是这样一位受到人民爱戴的国家领袖，却在"文革"的狂潮中受到疯狂的政治迫害和人身摧残，于1969年11月12日离开人间。11年后，1980年中共十一届五中全会专门作出了为刘少奇平

反昭雪的决议,恢复他伟大的马克思主义者和无产阶级革命家、党和国家主要领导人之一的名誉。5月19日,按照刘少奇的遗嘱,执行散撒骨灰任务的5艘海军军舰,从青岛码头编队驶向黄海海域,在哀乐和21响礼炮声中,刘少奇的骨灰撒入了浩瀚无边的大海。

(施 惠)

黄佐临诚助钱钟书

★★★★★★

抗战时期,文学家钱钟书困居上海"孤岛"写作《围城》,生活相当窘迫。当时国难当头,他的学术文稿没人买。写小说养家糊口吧,他习惯了精工细作,一天只能写500字,那又绝对不是商业性的写作速度。

有一天,当时著名的大导演黄佐临去看望他,发现他家捉襟见肘的窘迫现状:钱钟书甚至连招待黄佐临一餐饭也有困难;保姆早已辞退,身为剧作家的夫人杨绛,不得不放下手中的创作,操作起家务。黄佐临在当时是颇具影响的导演艺术家,经常排演爱国主义的戏剧,深受上海人民的喜爱,经济状况也比较好。黄佐临有意接济钱钟书夫妇,但如果送钱去,担心变一种施舍,会伤害钱钟书夫妇的自尊心而遭到拒绝,最好的办法是把他们的才智和劳动转换成价值。为此,黄佐临四处奔走,筹措演出资金,宣传钱钟书、杨绛的艺术成就，终于由黄佐临导演，上演了杨绛的四幕喜剧《称心如意》和五幕喜剧《弄假成真》，从事业的角度帮助了他们，并及时支付了酬金，使钱家渡过了难关。钱钟书《围城》的写作成功，与黄佐临的及时帮助是分不开的。事后钱钟书曾表示谢意，黄佐临只说那是钱钟书本人的成就，与己无关。

40多年后的20世纪80年代，黄佐临的女儿黄蜀芹，怀揣着钱钟书的名著《围城》来找钱伯伯，希望拍成电视剧；钱钟书欣然应允，并认真帮助。电视连续剧《围城》的拍摄成功，不仅成就了青年导演黄蜀芹，也重温了老一辈文艺家的真诚友谊。

这种真诚友谊也体现在马思聪暗中帮助冼星海学琴的故事中。

1929年，24岁的冼星海来到法国巴黎，想借勤工俭学学习音乐，找到了先他来法的马思聪。

6年前只有11岁的马思聪即随大哥来到法国学习小提琴，学琴选择什么样的教师非常重要；他直到第三年，才找到了一位正宗的教师奥别多菲尔。正是这位恩师把马思聪从学习提琴的歧途上扭转过来，使他后来成为一代世界名家。马思聪曾深有感悟地说："奉告习提琴者，首先须从学于正宗的好教师，不然差误固定了，其害处是光阴白花在绝路上。"1928年，马思聪凭着他坚实而正宗的提琴基础，考取了巴黎音乐学院，是第一个进入这所音乐殿堂的亚洲人。

冼星海来找马思聪，正是因为上述原因，希望马思聪介绍他师从奥别多菲尔学习小提琴。马思聪知道冼星海的勤奋和抱负，很愿意帮助自己的同胞和朋友；但也明白，根据冼星海当时的年龄和经济条件，估计奥别多菲尔未必肯收他为学生。果然见面之后，奥别多菲尔先叫冼星海拉了一曲，随即皱起了眉头，显然是不满意冼星海的琴艺；当他问及冼星海的年龄后，眉头就皱得更紧了。

马思聪焦急万分,如果向冼星海说明实情,一定会挫伤朋友的信心。于是,他背地里去找奥别多菲尔,苦苦讲述了冼星海贫苦的身世和决心学琴的艰苦历程,并且愿意在经济上为冼星海担保;最后,奥别多菲尔先生终于被这样真诚的友谊打动了。他对冼星海说:"好吧!从今天起你就是我的学生了,我不要你的学费,但愿今后上帝赐给你每天48小时。"并且送了一叠饭票给冼星海。

从此,冼星海以"每天48小时"的努力拼命学习提琴技艺,后来考入巴黎音乐学院深造。1935年归国后,参加了抗日救亡活动。1938年赴延安,创作出了《黄河》大合唱等500余首著名歌曲,成为我国现代史上的音乐泰斗。

冼星海的成功离不开马思聪的鼎力帮助,而当时冼星海毫无所知,马思聪也根本不放在心上。

朋友间真诚的相助,是十分可贵的。黄佐临、马思聪默默无闻,不加声张地帮助钱钟书、冼星海,施惠不望报更是难能可贵。

(李 怀)

何家庆舍生忘死科学扶贫

何家庆,安徽大学生命科学学院教授、魔芋研究开发中心主任。他自费只身深入西南山区,向贫困农民传授魔芋技术,历尽千辛万苦,对科学扶贫作出了巨大贡献,先后多次受到中央领导同志的表彰,获得多项荣誉称号。

何家庆出生于安庆市一个板车工人家庭,自幼贫困的生活,使他立志要尽自己所能帮助贫穷的人们摆脱贫困。大学毕业后,他在安徽大学生物系任教。1984年他到大别山腹地进行植物资源考察，山区民众的贫穷，深深地震撼了何家庆的心灵。有人告诉他，西南部山区的贫穷甚于东部，于是他就萌生了去西南科学扶贫的念头，同时因为西南山区更适合魔芋生长；他渴望把魔芋栽培、加工的知识献给西南山区，促进其产业化，使当地人民富裕起来。他准备了10年，主要攒钱，他积攒了27 720元钱，于1998年2月，他背起行李、瞒着妻子、女儿，怀揣学校介绍信和一张刊登国家"八七"扶贫计划贫穷县名单的《光明日报》，孤身一人起程了，这一行，就是305天。何家庆途经安徽、湖北、重庆、四川、浙江、湖南、广西、云南8个省市，108个县，207个乡镇，426个村寨，行程31 600公里。

何家庆独身进行科学扶贫的道路充满了坎坷，它是一条饥寒交迫、生死交织之路。他经常穿行在西南的崇山峻岭之中，这个人迹罕至的地方，到处隐藏着杀机。他在雷公山夜宿山洞，被毒蛇咬伤，伤腿肿得发亮，好多天抬不起来，幸亏自己懂得中草药，采集了一些解药，才救了自己一命。身处深山老林，饥饿难当，他全靠采食野果充饥，有些野果有毒，死神几次与他擦肩而过。在黔东北，一次乘坐中巴车赶路，恰逢山洪暴发，他急中生智从车窗爬出，很快汽车被洪水冲走，车上许多人遇难。他遭遇类似车祸有多次，大

难不死。人为的伤害并不比自然灾害轻,两次遭劫,被抢去4 000多元钱,使他身无分文,一度乞讨前行。从湖北恩施去重庆奉节县的路上,为了搭便车,被骗至深山,被迫砸了一天矿石,两手血肉模糊,才被放行。在云南大理,因头发、胡须长、衣衫褴褛而被派出所扣留两天,被放出来后当地群众没人敢收留他。何家庆几次感到心力交瘁,精疲力竭,处于死亡的边缘;一次他倒在旅馆的床上连续几天不省人事,但他以顽强的意志挺了过来。他就这样在九死一生中,沿途传授魔芋栽培、病虫害防治技术,办培训班262次,受训人数逾2万人,同时指导了57家魔芋加工企业。

令何家庆欣慰的是,真正的山区芋农把他当亲人、当救星,称他是"农民的教授"。湖北省建始县由于他的大力帮助,成了魔芋种植基地,许多人发了财。在官店镇人们听说魔芋专家来讲课,魔芋种植大户和芋农从周围十几里地以外赶来,礼堂挤得水泄不通。在重庆市酉阳县青华乡,何家庆白天上山查看芋苗,晚上给大伙儿上课,有一天讲到天亮,村民听得津津有味:"你讲的,正是我们需要的。"他们把最好的食品拿出来招待何家庆,杀了老母鸡煨汤给他补身体。一个白发苍苍的老奶奶把孙子拉过来对何家庆说:"好人啊,你对山里人有大恩,让孩子给你磕个头吧。"人们看何家庆身体太弱了,几个强壮的汉子硬是把他抬着送出40里地。12月28日,带着浑身伤病的何家庆回到合肥,60公斤的体重只剩下40公斤。回到家,他像散了架,一睡就是一个月。艰难的大西南之行,何家庆传授了魔芋栽培知识,科研上也取得丰硕的成果。

为了表彰和弘扬何家庆的优秀品德和崇高精神,他先后被授予全国扶贫十大状元、全国科技扶贫杰出贡献者、全国优秀科技工作者等光荣称号,2000年5月当选为全国劳动模范。

(施　惠)

[待人楷模]

赤诚资助祖国建设的香港首富李嘉诚

李嘉诚是香港著名的企业家和慈善家。他以惊人的毅力和睿智,走出贫困,步入商界,成为华人首富;又以赤子之心,慷慨捐赠大量钱财,资助祖国建设,他不愧是海外炎黄子孙的杰出代表。

李嘉诚,广东潮州人。1940年当日军铁蹄踏入这片土地的时候,他和全家被迫迁入香港。不久父亲去世,全家的生活重担就落在这个17岁的青年身上;他以每天工作16个小时的艰辛劳动挺过了这段困难的日子。1950年他从亲友处筹措来5万港元,开始了他的商海生涯。他敏锐发现塑胶花的黄金时代即将来临,全身心地投身于这个行业,以价廉物美的优势,每年接到百万美元的欧美订单。他看准时机,在香港经济步入险滩的时候,大举吸纳房地产;他让经营的企业上市,轻松自如地驰骋于国际金融市场;他找准机遇进军北美、欧洲能源市场。他目光深远,料事准确,正如他企业员工评价的那样:"他有先知先觉的判断力,超人的魄力和干劲,极强的进取心。他今日的成就,主要靠他自己的创造。"

李嘉诚知人善任,充分发挥他的团队每个人的聪明才智;他善待员工,给予较高的薪酬和福利,照顾到他们各方面的利益,博得员工们的忠诚服务。有人说,李嘉诚发迹靠的是"诚",他的最大的资产也是"诚"。

李嘉诚拥有巨额财富蜚声全球。美国《财富》杂志公布的"10亿身家巨富榜",在全世界98名亿万巨富中,李嘉诚资产为25亿美元(约200亿港元),排名第26位。美国《富比斯》杂志报道,目前全世界资产超过10亿美元的企业或家族共145人,世界十大华人亿万巨富中,李嘉诚位居榜首。

李嘉诚怀有一颗热爱祖国的赤子之心。他对中国的未来充满希望和信心。他说:"中国未来之国民经济将有较大幅度的增长,前景令人鼓舞。"他从多方面为社会主义建设添砖加瓦,不遗余力。

1979年李嘉诚回到阔别40年的家乡,看到乡亲们住宿条件还比较差,他什么也没有说,立即捐资为乡亲建造了14幢"群众公寓";紧接着又拿出2 200万港元,捐建了潮州医院和潮安医院。1990年他去北京办事,适逢亚运会集资,他慷慨捐赠1 000万元。1991年华东一带遭受严重水灾,李嘉诚以长江实业等4家公司的名义,捐资5 000万港元。他的家乡汕潮地区遭受强台风侵袭,他又捐献500万港元。他做的这类善事,不胜枚举。

尤其是他费尽心血,创办汕头大学,令人肃然起敬。这所大学是继陈嘉庚独资创办厦门大学之后,由海外爱国人士捐献巨资兴办的一所具有现代化水平的大学。李嘉诚少年被迫辍学、历尽艰险,深知教育的重要。国家实行改革开放,社会主义建设对于人才的需要十分迫切。于是他先捐3 000万元作为筹建汕头大学的经费,以后不断增加投资,到1989年底增至5.7亿港元;他表示要不惜一切代价,把汕头大学办成一流的学府;1993年2月他专程访问汕大,又增加捐资2亿港元。一个企业家,屡赠如此巨款,诚属难能可贵。

李嘉诚一片赤诚资助祖国建设,获得广泛的赞誉和颂扬。香港《香江百人志》介绍了他获得的诸多荣誉:1985年他被委任为香港基本法起草委员会委员,受到中央政府的高度重视;1989年他得

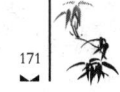

到英国政府颁赠的 CBE 勋爵。多年来他先后受到中央政府领导人邓小平、江泽民、杨尚昆等高规格的接待。

（施 惠）

香港著名爱国人士霍英东

改革开放，最早来大陆投资，支持国家建设事业的是香港著名爱国人士霍英东；他先后以独资、合资、捐赠、低息贷款等方式，在内地兴建了数百个项目，总支出达 90 多亿港元。他说："我们在内地多方投资、捐赠，目的只有一个，就是希望国家兴旺、民族富强。我始终没有忘记自己是一个中国人，我愿尽我之所能，为国家的繁荣昌盛多办些实事。"这就是一个爱国企业家的胸襟。

霍英东祖籍广东番禺，1922 年 11 月 21 日出生于香港。早年就学于香港皇仁书院，后因抗日战争爆发辍学；先后当过船上的烧煤工、修建机场的苦力，历经生活的艰辛。20 世纪 40 年代末，他从事海上驳运业务，开始了创业生涯。抗日战争结束后，他抓住运输业急需发展的机遇，重操父辈的驳运旧业。20 世纪 50 年代，香港人口激增、工商业兴起，他审时度势，开始经营房地产业，对香港房地产业的发展贡献极大。1955 年起，他先后创办霍兴业堂置业有限公司等企业，业务范围涉及地产、建筑、航运、建材、石油、百货、

旅馆、酒楼等，在香港商界崭露头角。20世纪60年代中期，香港地产业陷入低潮，关键时刻他大力倡导共同发展、共创繁荣，采取有力措施渡过难关，被选为香港地产建设商会会长，并连任20年之久。由于对香港经济发展做出的重要贡献，霍英东在香港工商界享有盛名，长期担任香港中华总商会会长。

霍英东是著名的爱国人士，中国共产党的亲密朋友。抗美援朝期间，在西方国家对我国实施全面禁运的情况下，他在香港组织了颇具规模的船队，为祖国运送了大量急需物资，有力地支援了抗美援朝。20世纪70年代末，国家改革开放伊始，他就来到内地先后投资或捐赠建设了番禺大石大桥、洛溪大桥、沙湾大桥和广珠公路上的4座大桥等多个重大项目。他为广州南沙的开发建设呕心沥血十多年，在滩涂上建起了广州南沙海滨新城。1983年，他与广东省有关部门合作兴建广州白天鹅宾馆，成为我国第一家由中国人自己设计、施工和管理的大型现代化酒店，受到邓小平的好评。20世纪80年代以来，他捐出巨款设立各种基金会支持内地教育，建成大批教学设施。他还十分关心革命老区建设，提出在广东韶关、江西赣州和湖南郴州三个革命老区之间建立优势互补的"红三角"经济区，并为该区域的基础设施建设捐助1.5亿港元。在1992年华东水灾和2003年"非典"期间，他都捐出巨资扶贫济困。他积极推动香港和内地的经济文化交流，大力倡导粤港经济合作，鼓励港人到内地投资兴业，强调香港应在内地现代化进程中发挥重要作用。他不仅向港人和各地华侨介绍内地改革开放的成就和到内地投资的经验，还经常协助解决他们在内地投资遇到的问题，被人们誉为"港人和华侨与内地沟通的桥梁"。

霍英东坚决拥护邓小平提出的"一国两制"伟大构想，衷心拥护中央对港方针政策，为确保香港平稳过渡、顺利回归和长期繁荣稳定殚精竭虑，做出了突出贡献。从1985年起，他作为香港特别行政区基本法起草委员会委员,积极履职尽责、建言献策,为香港特别行政区基本法的成功制定发挥了重要作用。香港回归祖国后,他一如既往地运用自己的社会影响力,积极贯彻落实"一国两制"、"港人治港"、高度自治的方针,全力支持特别行政区行政长官和特区政府依照基本法施政,为维护香港繁荣稳定作出新的贡献

杰出的社会活动家,著名的爱国人士,香港知名实业家,中国共产党的亲密朋友,中国人民政治协商会议第八、九、十届全国委员会副主席,香港中华总商会永远名誉会长霍英东,因病于2006年10月28日在北京逝世,享年84岁。霍英东的一生,是爱国的一生,奋斗的一生,奉献的一生。他爱国至诚、爱港至深,坚持真理、爱憎分明,是爱国爱港的杰出代表;他面对逆境勇于拼搏,是自强不息精神的典范;他乐善好施,热心公益慈善事业,是无私奉献、服务社会的楷模;他为人谦厚,处事低调,生活俭朴,胸襟品格堪称高风亮节。他的爱国精神和高尚品格永远值得人们尊敬和怀念。

(惠　政)

中国心灵最美的洗脚妹刘丽

刘丽是厦门一位普通的洗脚妹,但她却用自己微薄的工资赞助了上百个贫困学生,被人们赞为"中国心灵最美的洗脚妹"。

刘丽是安徽颍上县人,14岁时因家贫辍学外出打工,她省下每一分钱供弟弟妹妹上学,以后又资助贫困孩子读书。"是一种寄托吧,我自己想读书而没有读成,就希望让别人有书读"刘丽如是说。从2000年至今,刘丽一直在厦门一家足浴城当足底按摩师,俗称"洗脚妹",月收入3 000元。对于这些血汗钱,刘丽这样分配:500

元用来租房和个人消费,剩余2 500元,给家里寄一些,其他就用来资助贫困学生。她说,当时要是有人能帮我一把,我想我现在也是个大学生了。因此她心里埋下了一个梦想:以后要是有钱了,我就去帮助一些贫困的学生。

刘丽来到厦门当洗脚妹后,她拼命工作,开始有了一些积蓄,当初的梦想浮上了心头,她拿出每个月工资的一部分资助贫困学生。起初,她先联系老家的贫困家庭,一个、两个地资助,后来又通过厦门妇联,在同安一些中小学校展开一对一资助,资助人数从最初的7个增至10多个,从一次性资助到经常性资助。据不完全统计,她已经先后资助了上百个学生,固定资助的学生达50多人。

"帮助贫困孩子,是我一生的理想,我希望在我的帮助下,看到一个个大学生走出校园,如果将来更有钱了,我还想在我出生的地方建所学校。"刘丽希望那些家庭贫困的孩子不要走她辍学打工的老路。如今,已经当上厦禾路怡翔华都酒店的足浴养生会所经理的刘丽,依然坚持走慈善之路。

2008年12月8日,海峡导报以《洗脚妹6年资助上百贫困生》为题,报道了她资助贫困学生的事迹,在社会上引起很大反响。随后,中央电视台、香港《大公报》等多家媒体相继报道她的事迹,崔永元、鲁豫等名主持人都曾采访过她并做成节目在中央电视台直播。在评选"2010年感动中国十大人物"活动中,该栏目的推选委员孙伟是这样描述刘丽的:"刘丽以自身朴素的生活经验,坚守着善良的底线,展现了当代青年没有熄灭的'爱'的光芒。"另一位推选委员会王晓辉说:"刘丽和她代表的'80后'女孩,是都市森林中的蒲公英,每一朵小伞上顶着一个希望的太阳,真正中国的希望将在她们脚下生根。"在授予"感动中国十大人物"称号的典礼上,敬一丹和白岩松如此评价刘丽:"为什么是她?一个瘦弱的姑娘,一副疲倦的肩膀。是她内心的善良,是她身上有圣洁的光芒。她剪去长发,在风雨中长成南国高大的木棉,红硕的花朵,不是叹息,是不灭的火炬。"

刘丽不仅仅出钱资助学生,只要有时间,她就去走访贫困家庭,"跟他们聊天,了解他们的情况,看还有什么可以帮得上忙。"刘丽平淡地说。

对于这次获奖,刘丽深感意外,她保持着一份平常心。因为名和利,在她眼中,都不及为孩子做实事重要,"我只是尽自己的力量去做些自己喜欢做的事而已,其他的就没什么了。"

当然,让刘丽欣慰的是:自己以洗脚妹的身份获奖,可以为洗脚这个行业正名了。"以前很多人会戴着有色眼镜来看这个行业,如今我以自己的身份来告诉大家,我们做的也是一份值得尊重的行业。"

(施 惠)

家庭美德

　　家庭是社会的细胞。家庭美德不仅是社会稳定的基石，而且能够潜移默化，在社会上产生积极的影响，提高全社会的思想道德水平。

　　家庭美德重在和谐。本节记述了几则古人化解家庭矛盾，促进家庭和谐的生动故事。颍考叔设计让郑庄公母子在"黄泉"相见，从此母子尽释前嫌，和好如初。触龙巧妙地说服赵太后乐意奉子质齐，使其能得到历练，增长才干，实现其爱子的初衷。我国古代土木建筑大师、"神工鲁班"所以能成就大业，是全家奋斗、通力合作的结果。现在仍在使用的工具"班母"、"班妻"就是证明。

　　家庭美德中最珍贵的是革命情谊。毛泽东是一位感情丰富的世纪伟人。他把对亲属子女的深厚感情涵盖于严格的要求之中，体现了共产党人严于律己的品德。瞿秋白、叶剑英兄弟的革命情谊，生死相依，安危与共，感人至深。

　　家庭美德的根本是忠诚；忠诚维系着家庭的稳定，书写出壮丽的篇章。杨虎城夫妇真情相待，是忠诚的典范；西安事变后，杨虎城被非法逮捕，夫人谢葆真带着幼子随同入狱；在极端恶劣的环境中，两人相濡以沫，直至先后遇害；巴山蜀水为之低头，英烈事迹光照千秋。戴安澜是叱咤风云的抗日名将，也

待人楷模

是家庭里的贤夫慈父;他在缅北壮烈牺牲后,他的夫人王荷馨含辛茹苦把4个子女抚养成人,个个事业有成。家庭的忠诚代代相传,当代又传出新的颂歌。洪战辉以13岁稚嫩的肩膀,挑起家庭的重担,历尽千辛万苦,使破碎的家庭得以重圆。"信义兄妹"则记述了兄妹二人以常人难以想象的艰辛劳动,通过收破烂、养猪所得,3年偿清了亡兄生前所负的120万元欠债,奏响了信义的凯歌。

颖考叔计促母子冰释前嫌

★★★★★★

春秋时,郑武公与夫人姜氏生有两个儿子,长子名寤生,幼子名段。姜氏特别宠爱幼子段,屡次要武公传位于段,未获武公同意。武公去世后,长子寤生按武公遗嘱接任王位,是为郑庄公。姜氏与公子段十分不满,蓄谋叛乱。开始,姜氏认为段原有的封地共城太小,庄公即按姜氏的要求,将最大的京邑划为段的封地;大臣祭仲进谏说,京邑过大,与都城相当,将来要成为国家的祸害。庄公说,姜氏要这样做,有什么办法。段到京后,有些不轨行为,祭仲又告诫庄公要加以制止,勿使蔓延。这时庄公制段已胸有成竹,当众只说:"多行不义必自毙。"

郑庄公二十二年(公元前722前),公子段制兵器,造战车,进行了一系列战备,准备率众袭击都城,其母姜氏应允为内应,届时开城迎进叛军,想一举推翻庄公,取而代之。郑庄公在大臣们的辅佐下,早有准备,将计就计,命大将子封率战车200乘伐段;段逃往

鄢地,庄公又亲率重兵围剿;公子段逃亡到原来的封地共城。史书记载"郑伯克段于鄢",有讽刺的意思。

郑庄公对母亲姜氏溺爱公子段和助叛非常气愤,将其安置到边远的颍地(今河南登封西),并誓言:"不及黄泉,无相见也!"意思是,活着的时候别想再见,除非将来都死了,在地下黄泉才能相会。

姜氏离别宫门,独居颍地,越想越是羞惭;悔不该当初不识大体,溺爱偏心,铸成家破国乱,不仅使长子背上了不仁不孝的名义,更害得幼子流亡外地,好端端的家庭就此支离破碎,真是痛心疾首。郑庄公事后也很后悔。弟弟的不规早有觉察,自己是有力量去匡正他的,却没有尽到训导的义务;现在走了胞弟,又失去母亲;母亲虽曾愚昧褊狭,但认识了错误,为什么非到黄泉不能相见呢?

当时颍地的长官,名叫颍考叔,是一位正直无私、讲究孝友的人,在乡亲父老中享有崇高的威望。颍考叔看见孤独无依的姜氏,动了恻隐之心。他想:母亲做了作为母亲不该做的事,儿子就能去不该做的事吗?如果大家都不能原谅,那就永无宁日了。于是,颍考叔带了几只鸮鸟,作为野味进献给郑庄公。

庄公问:"这叫什么鸟啊?"

颍考叔答:"这是鸮,老百姓俗称它为'猫头鹰',白天它连泰山那么大的东西都视而不见,晚上却能明察秋毫,世上的事物它能分辨得很清楚。"

庄公说:"这样的鸟,为什么要去捕杀它呢?"

颍考叔答:"因为它不孝顺,所以大家都不喜欢它。传说它小时候在母鸟的哺育下长大,长大了却去啄食母鸟。这样的鸟,人们才去捕而食之。"

庄公不语,似有所思。接着御厨送来一只蒸羊,庄公命人割下一条羊腿赐给颍考叔吃。只见颍考叔专拣好肉,用纸包裹,藏在袖内。庄公很奇怪,问他这是干什么。

颖考叔说："我家很穷,老母从来没有吃过这样好的肉,我如果不带一些回去让她老人家尝尝,我怎能下咽呢!"

郑庄公很受感动,不觉凄然长叹。

颖考叔问："主公为什么叹息?"

郑庄公说："你还有母亲可以奉养,圆了你的一片孝心。而我却失去了奉养的机会,连你都不如,真如同鸦鸟!"

颖考叔惊问："姜夫人不是健在吗,为什么说不能奉养呢?"

郑庄公悔恨地说："我已经发过誓,不到黄泉不相见。"

颖考叔笑道："其实姜夫人也十分思念你。你们都有这样的愿望,就不愁无法实现。只要掘地见泉,不就是相会于地下黄泉了吗?并不违背你的誓言呀!"

郑庄公大喜,遂命考叔带领壮士500人,于曲洧的牛脾山下,掘地十余丈,泉水涌出,于泉边筑一木室,母子在木室内相会。

隔离很久的母子终于相见了,双方都很激动。庄公说："大隧之中,其乐也融融。"姜氏说："大隧之外,其乐也洩洩。"郑庄公用车载回姜氏,从此母慈子孝。

(李 怀)

触龙说赵太后送子质齐

★★★★★★★★

中国古代,人们很注重让他们的子女到复杂的环境中去经受锻炼、建功立业。

公元前265年,正是战国时期。秦国派兵攻打赵国,一连占据三个城池,形势十分紧急;赵国向齐国求救,齐国按照当时的惯例,要求赵国派长安君去做两国缔约交好的人质。

这时的赵国，惠文王刚死，孝成王即位不久，大权掌握在赵太后手中。长安君是赵太后所钟爱的小儿子，她舍不得让他离开身边。大臣们为了国家的安危，一次次地进谏，但都被赵太后斥回；太后甚至发怒道，谁要再提这件事，她就用口水吐他！

左师触龙看在眼里，急在心上。一天，触龙前来求见赵太后；赵太后估计又是来说服她的，因此没有好声气。

触龙慢慢步进宫来，闭口不提公子赴齐的事，只说是来请求太后为他的小儿子谋点事做。

触龙说："我的年纪大了，这个小儿子是我最钟爱的，恳请太后赐他当一名王宫的卫士。"

赵太后问："你的儿子多大了？"

触龙答："15岁。我希望在我的有生之年，能看到他建功立业。"

赵太后笑道："你们这些男人家，太不懂得爱孩子了。这样小小的年纪，就送出来吃苦，这怎么可以呢？"

触龙说："男人更爱儿子，而妇人可能更爱女儿。"

赵太后反驳道："何以见得？其实我是最爱我儿子的，甚至超过了爱我的女儿。"

触龙故作不解道："那就怪了。父母爱子女，总是要为他们的前途打算。想当初太后送公主去燕国做王后的时候，因为就要远离，牵着她的手啼哭。走了以后，也很想念，但在祭祀的时候，总是

祈祷她不要回来（因为被废或灭国才返本国），希望她在燕国长居久安。"

赵太后说："对呀，我正是为她的前途打算，希望她久居燕国，子孙相继为王呀！"

触龙乘势说："可见太后更爱女儿，而不爱儿子。"他又问太后："从现在算起，三代以前，一直到赵国称王之时，赵王的子孙封了多少侯爵，但现在还有几个保留着他们的爵位呢？"

赵太后想了想回答："没有了。"

触龙接着问："不但是赵国，其他诸侯的子孙还有多少保留着爵位呢？"

赵太后说："也不多。"

触龙说："这不能怪旁人，是他们不争气。不能建功立业，当然要削减爵禄。这是不是全怪他们自己呢？也不是。主要是他们位尊而无功，俸厚而无劳，他们不用再去做出努力，所以毫无建树，必然要被社会淘汰。现在，太后给了公子长安君尊贵的地位，很大的权力，肥美的土地封邑，数不清的金银财宝，却不给他建功立业的机会；现在国家需要他去齐国，在这个过程中经风雨、见世面，正是造就自己、建立功劳的时候。不然，将来太后百年之后，长安君何以安身立命呢？更不用说他的后代子孙了。所以，我以为太后还是不太爱自己的小儿子。"

赵太后听了笑道："知道了，你说得对！"

于是，赵太后欣然为长安君准备了车马，立即派他到齐国去完成使命。

齐国如约出兵，秦军终于退去。

古往今来，怎样才算疼爱子女，是摆在一代又一代人面前的重要课题。

（李　怀）

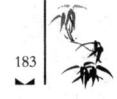

[待人楷模]

鲁班合家立大业

年纪大些的木匠,大都知道"班母"和"班妻"的来历。"班母"是木匠弹线时固定在案头的小钩子;"班妻"则是推刨时将木料顶在一端的卡具。说起木工案头这两件颇具特色的小工具,便令人想起中国传统文化中重亲情、重人伦的道德情结。

鲁班即《墨子》中写到的公输般(古代汉语中"般"与"班"通用),他是鲁国人,所以也称鲁班。鲁班大约生于春秋末期的周敬王十三年(公元前507年),卒于周定王二十五年(公元前444年)。他是我国最杰出的土木建筑大师,也是一位有着许多创造发明的发明家。《事物绀珠》、《物原》、《古史考》等古籍记载,木工使用的锯、刨、钻、墨斗、凿子、铲子等都是鲁班发明的。他还是一位很高明的机械师,《墨子·鲁问篇》记载:"公输子削竹木以为鹊,成而飞之,三日不下。"这里是说鲁班制成的木鸟(或许是风筝),能在天上连续飞行三天三夜;可想而知,那是需要多么高深的技艺。相传,他改进了车辆的构造,制成了机动的木车马。在兵器方面,他发明了攻城用的云梯和水战用的钩拒。还有人认为,我国的建筑风格、雕刻技艺等,都不同程度地受了鲁班的影响。鲁班的名字已经成为中国古代劳动者勤劳智慧和富有创造力的化身,丰富多彩的传

说，有时把鲁班塑造成了半人半神的偶像；其实，鲁班是个有血有肉、实实在在、非常可爱的人。神工鲁班，"神"在他极其喜爱自己从事的工作，有无穷无尽的智慧和创造力，同时也凝聚着他合家勤奋、通力协作的真情实意。

鲁班的母亲，在鲁班的劳动中倾注了大量的心血。每当鲁班干活的时候，他手中的工具总是特别得心应手，斧子比别人的快，锯子也格外锋利。天长日久，他才发现，每当他拖着疲惫的身躯甜甜睡去时，母亲总是连夜劳作，悄悄地将他的工具磨砺一新；每次鲁班为一项新的工程东奔西走时，母亲早已默默地安排好他上路所需的一切。有时，鲁班在家里干活，母亲便成了他最默契的助手；他放墨弹线，母亲就为他拉着墨线的另一端。有一次，墨线突然卡在木缝里拉不出来，母亲在设法将线头从木缝中取出的同时，得到了一个重要的启示：如果有一个钩子固定在木头的一端，拉紧墨线，不就可以腾出手来帮儿子做更多的事了吗？她把这个想法告诉了鲁班，鲁班很快做成了母亲理想中的钩子。这个现在看来简单明了，却非常实用的小小发明，浸透了实践中的体验和情感中的融通。木匠们几千年来离不开这个简单的铁钩。为了纪念鲁班的母子深情，大家相袭成规，把这个充满了创意的钩子叫做"班母"。

鲁班的妻子云氏不仅是鲁班的得力助手，而且经过天长日久的练习也成了一位出色的木匠。她体魄健壮，能在鲁班劳作时帮很多忙；当鲁班拉锯时，她立即握住大锯的另一端；当鲁班推刨时，她主动抵住木头的另一头。她看见鲁班为工程设计绞尽脑汁，也开动脑筋，想出了在木案的一端钉上个坚硬的铁卡，将木料紧紧地抵在铁卡里，工件就不会移动，而且省工省力、安全可靠。鲁班感激云氏的帮助，敬佩她的聪明才智，夫妻感情十分融洽。后人为纪念这一对劳动中的恩爱夫妻，将木案上固定在一端的卡口，称作"班妻"。

鲁班的一家是勤奋劳动的一家、发明创造的一家,在共同理想的追求下热情迸发、硕果累累,是一个融融乐乐、亲情浓浓的美好家庭。

这样的传统,这样的风貌,不是很值得我们这些后代子孙去继承吗?

(李 怀)

毛泽东的亲情

毛泽东是一位感情丰富的世纪伟人。他对亲属、子女的深厚感情涵盖于严格要求之中,不让他们依仗自己的权势,追求特殊待遇而趋于腐败,有时达到"不近情理"的地步,他认为这才是真正对他们的爱护。

杨开慧的哥哥杨开智以及湖南老家的一些亲戚,看到毛泽东当了国家主席,纷纷想请他帮忙安排个一官半职。毛泽东尽管对杨开慧一直怀有深情,但对其亲属的要求仍坚持一条原则,那就是共产党人不搞"一人得道,鸡犬升天",并写信给他们,恳切地要求他们"自己在人民中有所表现,取得信任,便有机会参加工作","一切按正常规矩办事,不要使政府为难"。他常常从稿费和工资中拿出钱来资助他们,接他们到北京做客,却从不以自己的职权为他们谋私利。

长子毛岸英从苏联留学回来后,毛泽东便要求他到农民中去学习。抗美援朝期间,毛岸英又成了千万个志愿军中的一员,跨过鸭绿江,开赴朝鲜战场,最终为中朝人民的正义事业献出了年轻的生命。

毛岸英也是一个自律很严的人,他从不以自己是毛泽东的儿子而自傲,处处谦虚谨慎。解放初期,他给表舅写信,婉拒表舅要他帮人做官的请求,他在信中说:"……皇亲贵戚仗势发财,少数人统治多数人的时代已经一去不复返了。靠自己的劳动和才能吃饭的时代来临了。"信中还说:"我爱我的外祖母,我对她有深厚的描写不出的感情,但她也许正骂我'不孝',骂我不照顾杨家,不照顾向家;我得忍受这种骂,我决不能也决不愿做违背原则的事,我本人是一部伟大机器的一个极普通平凡的小螺丝钉,同时也没有'权力',没有'本钱',更没有'志向'来做这些扶助亲戚高升的事。至于父亲,他是这种做法的最反对者,因为这种做法……是极不公平、极不合理的。"这封信折射出两代共产党人的高尚品德。

毛泽东的女儿李敏、李讷从小在机关食堂吃饭,上大学后,按规定在学校里吃住。学校在郊区,离家远,每当星期六回家时,卫士们要去接,可毛泽东从不让人去接,他说:"我和我的孩子都不能搞特殊。"当时,盘踞台湾的国民党反动派叫嚣要反攻大陆,毛泽东的儿女更是受到敌特的注意。有一个星期六,天都黑了,孩子还没回来,卫士长就悄悄地派人去接。毛泽东知道后,严肃地批评他们,他们不服气,说:"不然也不去接的,可是天太黑了,一个女孩子……"毛泽东断然地说:"别人的孩子就不是孩子了?别人的孩子能自己回家,我的孩子为什么就不行?"

　　国家困难时期,粮油菜蔬都定量供应,孩子们在学校常常吃不饱。有一次卫士长悄悄给李讷送去一包饼干,毛泽东很生气,批评卫士长:"三令五申,为什么还要搞特殊化?"其实,毛泽东是个感情很丰富的人,他也有舐犊之情。一次,李讷回家后,正与毛泽东在餐厅谈话,炊事员端进来四菜一汤和下了两倍米的饭。李讷不好意思地说:"我的定量老是不够,菜少,全是盐水煮的,没有油水,上课时肚子饿得直叫。"毛泽东便说:"今天一起吃饭吧。"李讷端着掺了芋头的红糙米饭,急急地吃着。毛泽东看着心疼,劝李讷:"在家里可慢一点吃。"一开始,他还陪着女儿慢慢地吃,后来干脆放下筷子,怔怔地瞧着女儿出神;李讷吃完了桌上的饭菜,另加两个冷馒头。卫士们看着直流泪,对毛泽东说:"主席,孩子太苦了!"毛泽东叹了口气:"不要说了,我心里也不好受。她是学生,按规定不能享受干部待遇。"稍停又说:"还是恪守本分的好,我和我的孩子都不能特殊,现在的形势尤要严格。"

　　毛泽东把私人感情收藏在心里,而把共产党人严于律己的品德贯穿始终。

(朱强娣)

瞿秋白兄弟革命深情

瞿秋白,中国共产党早期领导人,为革命壮烈牺牲。他的两个弟弟瞿景白、瞿坚白,与瞿秋白情同手足,感情至深,追随哥哥革命,也先后壮烈牺牲。他们兄弟三人共同谱写了一曲气壮山河的正气歌,抒发了一段荡气回肠的兄弟情。

瞿秋白1899年出生于江苏省常州市。1920年因俄文较好,成为我国新闻界派往苏联采访的第一批记者中的一员。他在苏联写下了《俄乡纪程》、《赤都心史》等不朽著述,是中国记者中唯一与列宁交谈过的人。1922年加入中共,"八七"会议时他临危受命,28岁即成为中共领导人。但不久,王明、博古等留苏人员来到莫斯科,他们采取拉帮结派、逢迎拍马的手段,赢得了中山大学校长、共产国际指导中国革命的负责人米夫的信任,排斥瞿秋白,企图夺取党的最高领导权。

瞿秋白的四弟瞿景白,自幼跟随大哥,深受革命影响,1925年由秋白带往国共两党创办的上海大学学习,并在学校参加了中国共产党。"八七"会议期间,景白做了大量的会务工作,后受党的派遣赴莫斯科中山大学学习;这时王明一伙正猖狂进行宗派活动。为了排除异己,他们造谣说中山大学里有一个以俞秀松为首的托派组织"江浙同乡会"。瞿秋白经过调查,认为根本不存在这个组

织,从而激化了他同王明一伙的矛盾。这时,正在中山大学学习的瞿景白对王明一伙的作为非常气愤;他为人正直、刚强、敢作敢为、喜怒形于色。一次景白和一位同学经过王明所住的小屋,王明以为是来投效他们的,连忙笑脸相迎,景白却不屑一顾地冲口而出:"哼,什么东西!"因此,惹怒了王明。不久,苏共发动了反对布哈林"右倾"的清党运动,中山大学也掀起了反对瞿秋白的狂潮。王明一伙明目张胆地到处搜集秋白的所谓反党材料。王明同伙散布说:瞿秋白的领导地位已经岌岌可危。瞿景白在一怒之下,把他的联共预备党员证退还给区党委,接着他就失踪了;这一年,他才23岁。对他的失踪,有多种猜测,有的认为是自杀,但深知其弟的瞿秋白却认为是谋杀。

1931年中共召开了六届四中全会,在米夫、王明的操纵下,瞿秋白被解除中共中央政治局委员职务,被排斥在中央领导层之外。1933年瞿秋白到中央革命根据地,在中央工农民主政府任人民教育委员。中央红军主力长征时,瞿秋白曾数次要求参加长征都未获批准,而要他留守根据地。这种安排的居心叵测是显而易见的。1935年2月,瞿秋白在福建长汀被敌人逮捕,并决定对他处以极刑。他留下绝笔诗:"夕阳明灭乱山中,落叶寒泉听不穷。已忍伶俜十年事,心持半偈万缘空。"然后高唱国际歌走向刑场,英勇就义,年仅36岁。

瞿坚白是瞿秋白的六弟,比秋白小14岁。他受到秋白的影响也很深;在他走向社会以后,对国民党的反动统治强烈不满。那时他在浙江淳安、嘉善等县的教育局当雇员谋生,虽然年轻位卑,但他总是正义凛然,横眉冷对国民党的党棍政客们。1935年6月18日,瞿秋白英勇就义,坚白从报纸上看到消息后,悲痛欲绝;他冲出办公室,回到住所,掩上房门,从下午一直哭到深夜。1938年他历经艰辛,辗转来到武汉,找到八路军办事处,经徐特立介绍,他前往

延安陕北公学和抗日军政大学学习，毕业后主动要求上前线，在冀鲁豫边区从事教育工作，后又调到太行山地委调查研究室工作。1944年5月在日军"大扫荡"时瞿坚白不幸壮烈牺牲于武安百草坪，年仅31岁。

瞿家三兄弟，满门忠烈，兄弟情深，为后人留下了光辉榜样。

（施　惠）

叶剑英感人至深的浓浓亲情

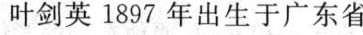

叶剑英是开国元帅、中国人民解放军缔造者之一。他在中国的革命和建设中屡建奇勋，特别是在长征途中及时通报信息，使中央避免了张国焘的加害，立下大功；在粉碎"四人帮"的斗争中他发挥了决定性的作用。就是这位叱咤风云、功勋卓著、铮铮铁骨的元帅，也有着鲜为人知的浓浓亲情。

叶剑英1897年出生于广东省梅县雁洋堡下虎形村。父亲早逝，由母亲陈秀云把他和弟弟叶道英抚养成人。陈秀云是一位贤淑勤俭、深明大义的妈妈，她以自己的高尚品德影响孩子成长。当时家中较为贫困，但她说"再难也得让孩子读书。"叶剑英7岁读私塾，11岁上寄宿制学校，靠母亲隔几天送一次米菜来艰苦度日，有时妈妈还刻苦自己，省钱给儿子送点肉来，叶剑英深受感动；他以获得最优秀的成绩来回答母亲的关爱。1915年母亲想方设法为叶剑英筹足赴云南讲武堂学习的川资,在这当时的最高学府两年半的刻苦学习,成为叶剑英人生的一个转折点。毕业后他回到家乡,母亲多么希望儿子留在身边,但当她得知叶剑英要去参加革命,便毅然割舍母子深情,鼓励儿子尽快返回共产党领导的部队。1944年夏,日军侵犯韶关,73岁的母亲在弟弟的搀扶下,抱病乘船外出避难,不幸于途中逝世。当时叶剑英并不知情,他在延安给母亲写了一封词意恳切、亲意浓浓的信。弟弟接到信件的时候,正是在为他妈妈治丧的日子;当晚,他哭着把哥哥的信念给已经逝去的妈妈听。这封信写道:"母亲大人:您今年已是73岁高龄了。我很抱歉,当你61岁、71岁寿辰时儿子都未能为母亲祝寿,故希望您长命活下去。当您81岁寿辰的时候,新中国就诞生了,那时,我一定在您身边,为母亲祝寿。"后来,叶剑英在延安得知母亲已经去世的消息,悲痛万分;他给弟弟写信表示,我们兄弟一定要时刻怀念母亲给予的伟大母爱;还写下了"尸骨抛沟曾逆料,阿姆生我最艰难"的悲痛诗句。

叶剑英比弟弟叶道英年长10岁,在哥哥的影响下,叶道英也倾向革命。早在云南讲武堂时,叶剑英就给弟弟写信:"天下混乱,乃英雄吐气之时,有胆识、有军事学问者为前驱;有文才、有谋略者为后盾。"1927年广州起义失败,叶剑英出走香港,叶道英也陪着母亲去香港掩护哥哥。1936年12月,叶剑英随同周恩来赴西安调处西安事变问题,在百忙中他还不忘给弟弟写信,要他在国民党统治区多做团结救亡的工作。按照哥哥的嘱咐,叶道英动员和帮助一些有志于抗战的青年投奔延安。第二次国共合作后,叶剑英于1938年辗转到了广州,他同几位党的负责同志就住在弟弟的家中。1938年秋,叶剑英通过关系把叶道英安排在省财政厅任税务委员,以此为掩护,暗中协助八路军工作;1940年叶道英成功地利用关系帮助八路军办事处把一批军火转移到安全地带。1944年叶道英的

次子和女儿先后病逝,他精神上受到很大打击,自己也患上了严重的心脏病;叶剑英得知后,尽管军务繁忙,仍经常给叶道英寄钱寄药,写信嘱咐他好好休养;在哥哥的关怀下,叶道英的健康渐渐恢复。

"文革"期间,叶剑英受到迫害,在极端困难的情况下,兄弟两人寻机相聚,互相鼓励;一次叶道英生病住院,叶剑英亲至医院参加会诊。手术之后,他亲自抄写了苏老泉族谱里的一首诗送给弟弟,其中有"兄弟之情,如手如足"、"彼死尔生,不为戚欣"、"彼不相宁,彼独何心"之句,透露出浓浓的手足之情。

(施 惠)

杨虎城夫妇双烈彪炳千秋

★★★★★★★

杨虎城和谢葆真是一双恩爱夫妻,又是在对反动势力的斗争中宁死不屈、先后遇害的一对革命英烈。

杨虎城,著名爱国将领,1893年出生于陕西蒲城县,早年参加辛亥革命,历任陕西靖国军第五路司令、国民党政府第十军军长、第十七路军总指挥、陕西绥靖公署主任等职。他拥护孙中山三大政策,钦佩共产党的爱国壮举,在第十军时曾向地下党提出加入中共的要求,被"左"倾路线拒诸门外,但他的部队

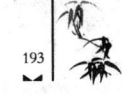

中有很多共产党员担任要职。1936年12月12日他和爱国将领张学良一起发动"兵谏",迫使蒋介石接受停止内战、一致抗日的主张。西安事变成为时局扭转的枢纽,周恩来称张杨为"千古功臣"。但蒋介石始终怀恨在心,1937年11月杨虎城从海外考察回来,即被蒋授意特务将其长期关押。

杨虎城在第十军驻扎安徽太和县时认识了谢葆真。她1911年出生于古城西安,曾入陕西中山学院学习;大革命时期,她在第二集团军总政治部前线工作团工作时秘密加入中国共产党。大革命失败后,转入第十军政治处任干事。她为人刚直,口齿流利,富有革命热情,深为杨虎城所喜爱;两人恋爱期间,她问杨虎城为什么要找她谈恋爱;杨虎城说:"为了革命。我知道你思想进步,为人诚实,我们志同道合,结婚后,你可以帮助我更好地进行革命工作。"谢葆真被他诚恳的态度感动了,答应了杨虎城的求婚;二人相约:革命到底,白头偕老。两人婚后感情很好,生下了儿子杨拯中。1937年杨虎城被拘捕后,谢葆真带着幼子随同入狱。

起初,杨虎城夫妇及幼子被关押在贵州息烽县阳朗坝看守所。一天,特务头子戴笠来"规劝"杨虎城写"悔过书",要他诬指西安事变是"受了共产党的欺骗,上了共产党的当","现在深为后悔"。杨虎城听了霍地站起,语言铿锵地说:"我和汉卿发动事变,只是为了停止内战,团结抗日;现在大家不正是这样做了吗?我有什么过可悔?说我受了欺骗,我想问,究竟是谁欺骗了我?"杨虎城义正词严,驳得戴笠无话可说。

于是,这个特务头子就秉承主子的旨意来设法折磨杨虎城夫妇。他叫特务把杨家三口关押到距息烽县十几里远的一处深山峡谷半山腰的大山洞中,人称"玄天洞";洞外是四周连绵起伏的山峦,渺无人烟,荒僻凄凉;洞内终年不见阳光,阴冷潮湿;杨虎城一家囚禁在这里,经常生病,体质很快下降。

夏去秋来，冬天将至，秋风、落叶、枯草使荒谷更显凄凉。谢葆真这时身怀有孕，坐在床前缝补丈夫和孩子的破棉衣。当时杨拯中11岁，正是身心活跃、读书求学的时候，长期囚禁的生活使他变得沉默寡言，常常一人站在岩石边发呆，小小年纪竟有了白发；杨虎城托人买来《百科全书》、《万有文库》，用全部精力教子读书识字。

谢葆真性格刚烈，作为母亲和妻子，她内心的痛苦可想而知。她深为丈夫长期无辜被押而愤懑，为爱子学业荒废、健康摧残而苦恼。她常常大骂蒋介石背信弃义，愤怒斥责那些监视、折磨他们的特务禽兽不如；一次面对着根本不能下咽的饭菜，端起碗朝特务砸去；特务们就捏造说谢葆真有精神病，强制把她和丈夫、孩子分开关押。孤独、忧郁、愤怒，使她真的精神失常了；荒僻的山谷中经常回响着她凄厉的呼喊、咒骂的声音。1945年日军投降，但自由仍未降临到他们身上。黑夜茫茫，苦难无涯，谢葆真终于不堪虐待，于1947年含恨去世。

谢葆真的离世对杨虎城的打击至深至巨；他常常抱着幼女，两眼呆呆地直视着妻子的骨灰盒，有时老泪纵横，无比愤慨；不久幼女死去，他只能同拯中相依为命。

抗战胜利后，按照蒋介石授意，杨虎城一家的囚禁地点转移到重庆歌乐山下的中美合作所。1949年1月蒋介石"引退"，李宗仁代总统下令释放张学良、杨虎城，但是李宗仁并不掌握实权，其命令只是一纸空文；特务们却把他们押解到贵阳。

1949年9月，在人民解放军即将解放大西南的前夕，蒋介石下达了杀害杨虎城的密令；特务们谎称带杨虎城去重庆转送台湾。9月6日夜10时，押解杨虎城的车队到达重庆歌乐山下的戴公祠，一群潜伏的特务用利刃把杨虎城父子以及随同他们转移的原杨将军的秘书、共产党员宋绮云夫妇和两个孩子残酷地杀死；特务们为掩盖其罪行,把镪水倒在遇害人的脸上,毁坏他们的面容。

巴山蜀水,森林大地,都默默地低下了头,深深哀悼这位因坚持爱国民主立场而壮烈牺牲的千古功臣,以及先他而去的威武不屈的杨夫人。他们夫妇英烈的事迹将光照千秋。

(施　惠)

洪战辉亲情奉献感动中国

1982年洪战辉出生在河南省周口市西华县东夏镇洪庄村。他原本也有一个温馨的家,父亲、母亲、弟弟、妹妹和他一家五口,尽管生活清苦,却也幸福。1994年8月,洪战辉12岁的时候,灾难降临到他们家:洪战辉的父亲不幸得了间歇性精神病,一次发病时突然狂暴地把家里的许多东西都砸了,猛殴自己的妻子,摔死1岁的女儿;并且频繁地发疯,妻子被打得遍体鳞伤;她百般无奈,只得选择了逃离。洪战辉兄弟相拥痛哭:"娘,你去了哪里?回来吧……"在暮色苍茫中,山谷久久回荡着他弟兄的哭声。不久,他父亲在正常状态下,于田野里捡回了一个被遗弃的女婴。这样洪战辉13岁稚嫩的肩膀就开始挑起了全家生活的重担:照顾年幼的弟弟,伺候病情不稳定的父亲,尤其要费很大精力抚养幼小的、无血缘关系的妹妹。

不久,洪战辉到西华县东夏镇中学读初中,学校离家有两三公里。每天上学的时候,怕患病的父亲伤害小妹妹,就把她交给自己的大娘照看,放学回到家里,再忙着张罗全家人的饭菜。在读初中的3年中,洪战辉每天四次步行穿梭于学校和家园之间,照顾全家人的生活,并发愤苦读。1997年7月,洪战辉初中毕业,成为东夏镇中学考上河南省重点高中西华一中的3个学生之一。

接到录取通知书后,他立即收拾行李出去打工。他说,"我要去挣钱读书、养家。"他在县城一个装雨棚的工地上,找到了一份工作。洪战辉拼命地干,一个暑假,挣了700多元。这年9月1日,洪战辉终于按时到西华一中报到了;而且通过竞选,他当上了班长。在学校安定下来后,洪战辉就在学校附近租了一间房子,从家里把小妹妹接到了身边;他又像上初中时一样,每天奔波在学校与住处之间。为了读书、养家,打工挣钱成了洪战辉繁重学业之外最大的任务。他在校园里,利用课余时间卖起了圆珠笔芯、辅导资料、英语磁带以及鞋垫、袜子等,用微薄的收入维持着全家的生活。而自己的生活却刻苦到极点,在读高二时,他在学校附近的一家包子店干活,每月老板支付30元工钱,早上可以免费吃包子,他就多吃,午饭和晚饭就可以省下了;因此,他由于严重营养不良而晕倒过16次。

生活的磨难不断沉重地打击着这个意志坚强的年轻人。2002年10月,父亲的精神病第三次发作;他把父亲送到一家精神病医院,正在为交不起住院费而发愁。这时正在上初一、成绩居全班第一的弟弟洪锦辉又不辞而别,外出打工了;洪战辉陷入了绝境。10月底,扶沟县一家乡镇精神病院被洪战辉的孝心所感动,答应免去住院费只收治疗费。洪战辉赶紧回家取住院用的东西,又连夜骑自行车赶往医院。家到医院有近50公里路,夜已经很深了,连续奔波3天的洪战辉极度疲惫,连人带车栽倒在路旁的水沟里;等他醒来时,自行车压在身上,水瓶胆的碎片散落一地。洪战辉想起了妹妹和父亲,他咬着牙对自己说:"我不能倒下,父亲的病要人管,妹妹也要人管。我一定要站起来,还要考上大学,改变自己的命运!"他又顽强地站了起来。

2003年6月,洪战辉迈进了高考考场,并被湖南怀化学院录取。他在大学里,一边刻苦读书,一边打工、做小生意挣钱,维持全家的生活,并照料带在身边读书的妹妹。学院的老师们被洪战辉的事迹所感动,他们纷纷捐款,一次就捐了3190元,当老师把这些钱交给洪战辉时,他谢绝了,他说:"不接受捐款,是因为我觉得一个人自立、自强才是最重要的"。

现在令洪战辉欣慰的是:父亲的病情大有好转,母亲已回到久别的家中,在外漂流了多年的弟弟也有了消息,妹妹学习成绩良好;洪战辉千辛万苦维持的家园终于又充满了温馨的气息。洪战辉亲情奉献的动人事迹,在各地传颂。2005年,他被评为"感动中国人物。"

(施 惠)

"信义兄妹",一曲感人至深的诚信颂歌

2012年新年前后,在安徽省霍邱县周集镇发生了一个"信义兄妹"的感人故事。2011年12月27日《新安晚报》最先以《两人为亡兄扛下百万债》为题报道了这一新闻;今年1月8日晚,央视《新闻联播》又以《最美的中国人——哥哥的债我们还,不能欠钱落骂名》为题作了详细报道,这一感人至深的故事在全国广泛传播。

"信义兄妹"的哥哥张仁春在霍邱县周集镇是一个小有名气的

人,他办过厂,搞过苗圃,算得上是当地致富的带头人。2006年他租了85亩地做苗圃,在投进了大量资金后,却一病不起,在病床上躺了7个多月后去世。他生病期间,苗圃由于缺乏管理,野草丛生,他死后不

久,一场大火把苗圃树木全部烧光。这样,张仁春除了背下的155万元巨额债款以外,什么也没有留下。

张仁春去世后,他的弟弟张仁强,大妹张仁秀,小妹张仁兰聚在一起商量。意见一致:"人死债不烂,钱一定要还,不能欠钱落骂名。"张仁春的一子一女,虽已成年,但自顾不暇;小妹生活也艰辛。于是张仁强和张仁秀站了出来,他们要替哥哥偿还这笔债款;除了他们两人借给哥哥的35万元不计以外,需要偿还外债120万元;他们开始了艰难的偿债征程。

张仁强揹起背包奔向合肥,开始,从收破烂起步,以后开了一个小型废品收购站,又做一些建材生意。赚了一些钱,给哥哥还了部分债款。他租住的是一间十几个平方的小房,严冬季节,潮湿阴冷,窗户破裂,冷风直向里灌。他虽已54岁,仍像青年人一样起早摸黑地干活,每天总是乘末班公交车回家,经常在车上睡着了,以致坐过了站,再乘回来的车;他太累了,宁愿这样先睡一会儿。

大妹张仁秀愿为大哥偿债,起初怕丈夫不同意;不料丈夫屠恩朴不仅同意,而且全力支持。他们夫妇两人辛辛苦苦养猪挣钱,全部用来还债。一度生意不景气,由于把一点积蓄给哥哥还了债,遇到市场不景气,只得借债来维持资金周转。

艰难挫折不断,正当张仁强在合肥拼命挣钱时,父亲打来电话,告知他的妻子不知去向,这对他是很大的打击;妻子不同意为他哥哥还债,几经争执,竟不辞而别并带走部分钱财。沉重的打击并未使他就此却步,而是更顽强地拼搏;除了继续在合肥收购废品,还在肥西建了一个养猪场,养了400多头猪,他更辛苦了。

从哥哥去世后,"信义兄妹"披星戴月、呕心沥血、千辛万苦地干了3个年头,终于偿还了110万哥哥的债款,还剩下10万元,兄妹决心全部还清。当"信义兄妹"把债款送还给债主时,好多人都很意外,有的十分感动。一位曾借8万元给张仁春的丁全友说,他知道张家的困难,并不指望他家还钱,当大妹送还欠款时,"太让人感动了,反倒让我觉得对不住人家了。"

"信义兄妹"事迹在全国范围内传播以后,许多人向他们伸出了援手。北京的一位女士打电话来说:"他们兄妹俩太了不起了。我们社会需要这种守信用、敢担当的精神。"她表示愿意帮助兄妹偿还剩下的10万元。她不愿意说出姓名和地址,只说她姓张,是一个企业的负责人。当记者向"信义兄妹"转达这一意向时,他们不约而同地表示:感谢她的好意,但我们自己欠的债我们自己还。

(施　惠)